Formas de Gobierno

Formas de Gobierno

Lecciones de Teoría Política

Mario Raúl Mijares Sánchez

Número de Control de la Biblioteca del Congreso de los EE. UU.:   2011912632
ISBN: Tapa Dura   978-1-4633-0573-4
                      Tapa Blanda   978-1-4633-0572-7
                      Libro Electrónico   978-1-4633-0571-0

Diseño de portada: Alberto Mijares

Este Libro fue impreso en los Estados Unidos de América.

Para hacer pedidos de copias adicionales de este libro, por favor contactar con:
Palibrio
1663 Liberty Drive, Suite 200
Bloomington, IN 47403
Para llamadas desde los EE.UU 877.407.45847
Para llamadas internacionales +1.812.671.9757
Fax: +1.812.355.1576
ventas@palibrio.com
354611

CONTENTS

PRÓLOGO

Formas de gobierno y desgobierno es un texto de teoría política donde se expresan con estilo polémico las preocupaciones del autor, íntimamente vinculadas con las tres tareas que han marcado su vida: la de maestro, investigador y ciudadano; tareas que en Mario Mijares Sánchez, por lo demás, se presentan como facetas indisociables de su personalidad. Ellas me servirán para ver la obra en su perspectiva vital, como el producto de un hombre de su tiempo para quien la modernidad se encuentra extraviada y reclama, como toda época en decadencia, el auxilio del pensar genuino.

Maestro de vocación, el referente de Mario Mijares son los alumnos, a quienes se dirige en un diálogo imaginario, respondiendo a dudas y cuestionamientos. Dije diálogo imaginario, lo cual no significa inventado por completo, porque los interlocutores son aquellos alumnos de carne y hueso que el autor ha tratado por más de dos décadas en las aulas y a los que ha llegado a conocer muy bien. Con ellos desea compartir el saber teórico de una ciencia, cuyo fin, según lo vieron certeramente sus fundadores, es práctico y debe servir para mejorar el orden político al que pertenecemos por ineludible necesidad de nuestra naturaleza. El zoon politikon es el tema de reflexión del autor; este animal político del cual tantas y tan importantes intuiciones legó a la posteridad la escuela clásica, gracias a pensadores de la talla de Heráclito, Platón y Aristóteles, a quienes el autor profesa la más sincera admiración intelectual. A esa fuente primigenia es necesario volver una y otra vez para inyectar nuevo vigor al pensamiento político; necesidad más imperiosa en el presente debido a la impotencia de los modernos, para explicar satisfactoriamente los fenómenos políticos, por encontrarse subordinados a los intereses dominantes que impiden el libre ejercicio del pensamiento. La teoría sin el presupuesto de la libertad es racionalización legitimadora; sería este el caso de los teóricos anglosajones que, salvo excepciones, comenta nuestro autor, ignoran o desvirtúan el uso de las categorías clásicas. En este punto coincide con Wright Mills, para quien los investigadores desempeñan su trabajo como empleados de las grandes empresas y, por ello, son incapaces de cuestionar el orden económico político establecido que, como la naturaleza, funciona y se reproduce al margen de la voluntad individual. Pero esta visión es falsa; el Estado en particular, sostiene Mario Mijares, es algo artificial y como creación del hombre, puede ser modificado para servir a los intereses generales de la sociedad. Sin embargo, un cierto pesimismo está presente en las consideraciones del autor a lo largo de la obra, porque el peso de la inercia se impone a la voluntad de cambio. Si se recuperan las categorías aristotélicas, bien que adaptadas a las circunstancias actuales, es posible esclarecer fenómenos relevantes como las relaciones entre gobernantes y gobernados; la corrupción de la vida pública; las complicaciones de las llamadas transiciones democráticas que, por cierto, son ejemplo de falsa conceptualización, pues más bien se trata de procesos que vienen consolidando el predominio de las oligarquías en el mundo contemporáneo. De cada uno de estos temas se ocupa el autor insistiendo en la degradación de las formas puras de gobierno, hasta quedar convertidas en las formas opuestas o espurias, tal como Aristóteles había analizado con sagacidad. Cuando se pierden o extravían los principios de virtud propios de la monarquía de realeza, de la aristocracia y de la república, usurpan su lugar la tiranía autocrática, la oligarquía tiránica y la democracia o tiranía de los muchos. En torno a este esquema, el maestro Mijares realiza diversos análisis; sus juicios sobre las democracias modernas son particularmente severos, pues para él las democracias descansan en el control de las masas, estimulando sus apetitos para manipularlas mejor. No hay peor tiranía que la de las mayorías.

La radicalidad en la interpretación y aplicación de la doctrina de las formas clásicas de gobierno y la crítica de las democracias modernas, puede suscitar la reacción polémica de los lectores; esto dependerá de la toma de posición a que obliga la lectura del texto. Sea como fuere, supongo que el autor busca dicha reacción, porque en este diálogo de quienes piensan diferente, se esconde el secreto de la verdad que paso a paso va revelándose.

Felicito sinceramente al maestro Mario Mijares Sánchez por su compromiso de ciudadano universal en la búsqueda de un orden con justicia, tal como hoy lo reclama el destino solidario del hombre.

Marcelo Ramírez Ramírez

INTRODUCCIÓN

La educación, según la concebía Sócrates, no es sino la "mayéutica", es técnica del parto espiritual y fecundación que produce el maestro, nadie puede sustituirse como discípulo en el alumbramiento mismo. Dentro de una reflexión, filosófica sobre la condición humana, la política no es sino la prolongación de la ética, por constituirse entre ambas "la filosofía de las entes humanas". Sócrates, Platón y Aristóteles están de acuerdo de que la política es, ante todo y sobre todo, educación y transformación moral del hombre.

El presente libro es parte de la investigación que se desarrolló con el objetivo general de estudiar las formas de gobierno "clásicas", utilizando las herramientas de la teoría política, las cuales aún son utilizadas en la vida contemporánea, pues contienen los principios cuantitativos y cualitativos que nos ayudan a determinar nuestra realidad. Es a través de tales herramientas que nos ayudan a identificar los paradigmas del saber político ahora en la cultura occidental que, a pesar de sus traslapes y superposiciones, responden netamente a dos concepciones respectivas sobre la "autoridad" y el "poder"[1] en la antigüedad y en la posmodernidad. Asimismo, se logró mostrar algunos de los ciclos políticos por los que ha pasado la humanidad,

---

[1] Ferrero (1943) define "el poder" como la manifestación suprema, del miedo, que el hombre se provoca a sí mismo con sus esfuerzos por liberarse. "El político tiene miedo a no ser reconocido y, por tanto a no ser legitimado, por ello y con intención, utilizan el poder militar. El poder es la capacidad de producir efectos y determinar conductas de otros animales de poder, la mayoría de ellos más degradados que las propias bestias, siempre y cuando se tenga claro que el poder desnudo es la corrupción de la autoridad.

sin duda transiciones que se llevaron a cabo de manera pacífica, o bien violentamente a través de hechos de sangre, dilucidando al mismo tiempo las adecuaciones que realiza la clase social triunfante en la constitución de cada Estado.

Es importante aclarar que la voz "clásico" es una voz corrompida cuyo antecedente y habitual es para referirse al griego y al latín antiguos como lenguas clásicas, de ahí que las categorías políticas "clásicas" se encuentren en ese término. La palabra clásico también se puede entender desde su estándar de excelencia, algo que remite como huella a sus orígenes.

Los ciclos en la vida de un Estado, al igual que el ser humano, nacen, se reproducen y mueren y el propio devenir histórico nos muestra un gran cementerio de estados. Utilizando esa misma analogía, se puede demostrar cómo los gobiernos que son la parte activa de esos Estados que tuvieron un antecedente, realizaron una transición política y finalizaron con un cambio posterior. Tales procesos son fases o etapas por los que ha circulado la humanidad. Sin embargo, la tarea ardua del hombre es mejorar su conocimiento dentro de la configuración de una realidad.

Karl Popper (1996), en su libro *En busca de un mundo mejor,* escribe que la sociedad al igual que los seres vivos, va en búsqueda de un mundo mejor; por ello, éstos tendrán que ser altamente observados y analizados, con la finalidad de mantenerse en alerta permanente para que no los sorprendan los deterioros ni los posibles cambios constantes. No obstante, dice: "Las mejoras que aumentan el poder del Estado a menudo producen lo contrario de lo que la sociedad está buscando" (p. 305). A pesar de ser una visión filosófica la de Popper, se puede señalar que se acerca al problema teórico político fundamental sobre el tema de las transiciones políticas, con lo cual debemos reconocer que no existe nadie que se enfrente a la realidad sin que pueda dejar de reconocerla.[2]

---

[2]   Existe una un buen número de interpretaciones, sobre qué es lo que estudia la Teoría Política, lo que demuestra el exacerbado manoseo de la llamada por los griegos "la ciencia reina de las ciencias". La tratan incluso de explicar a través de referencias lingüísticas, lo cual reduce su explicación. En el ámbito jurista. También hay quienes aseguran que el objeto central de estudio de la Ciencia Política es el "poder", lo cual es falso, e incluso el desconocimiento total entre la diferencia de poder y autoridad. Lo más grave fue cuando un profano señaló que: La Ciencia Política no es más que una parte de la sociología.

Todas estas consideraciones me conducen a la necesidad, e incluso a la obligación, de aclarar desde el inicio del texto, ¿cuál es el objeto de estudio de la Teoría Política? Y la respuesta es: la ciencia de la autoridad, llamada a gobernar al conjunto de los conocimientos humanos. En efecto, la autoridad es un fenómeno humano por excelencia, en virtud de ser la relación dialéctica entre el que manda y obedece, es decir, entre el gobernante y el gobernado.

Sin embargo, el significado de "autoridad" no debe confundirse, pues es radicalmente diferente al del "poder". Esta diferenciación es justamente uno de los aspectos que se abordarán a la par con el tema central de estudio, por considerarlo decisivo para su comprensión. La autoridad política no implica necesariamente un sometimiento irrestricto e injusto de la población frente a su gobernante. Ésta podrá residir en aquellos que lograron un consenso vía pacífica; por tanto, la podrán plasmar en su ley fundamental, misma que debe ser ortodoxamente rígida, o bien flexible, de acuerdo a las intenciones de los hombres en el poder. Éste y otros aspectos serán analizados en lo sucesivo.

Por ser un estudio sobre las formas de gobierno, el presente enfoque está acorde al análisis de las categorías de Aristóteles y de Platón, principalmente, así como de las biografías de cada uno de ellos, a través de los paradigmas de Plutarco (1993), plasmadas en su obra *Vidas paralelas* en la cual se describe cómo vivieron y pensaron los padres de la teoría clásica.[3]

Es oportuno y fundamental aclarar la diferencia abismal entre la visión contemporánea del concepto de política, vista a través del pensamiento clásico, representado principalmente por sabios como Sócrates, Platón y Aristóteles, mismos que señalan que la misión y la visión del concepto del hombre dedicado a la política deberá ser ante todo y sobre todo, educación y comportamiento moral del ser humano, principalmente aquel que se dedica a esos menesteres. El estagirita habla de dos tipos de virtud, la intelectual y la moral; la primera depende de la enseñanza recibida durante

---

[3]   Francisco Montes de Oca en su "Introducción" ubica las obras de Plutarco de manera excelente, señalando que *Vidas Paralelas* es un género que aspira a reconstruir un ambiente y edificar los aspectos históricos sin ser un historiador, sino un biógrafo.

el crecimiento; por el contrario, la moral es producida por el hábito mismo que exige un esfuerzo por parte del individuo.[4]

Por lo anterior, se debe señalar que la política es fundamentalmente un estilo de vida, es decir, un conjunto de acciones o toma de decisiones que afectan cotidianamente el entorno individual, grupal y social, cuya connotación clásica en nada se parece a la opinión actual. Ahora, este concepto es identificado en el lenguaje común con hechos ventajosos en beneficio personal. Y peor aún, se ha llegado a identificar la mercadotecnia política y su consecuente venta de imágenes de candidatos a la clientela ciudadana con una nueva y mejor forma de hacer política.

Como se sabe, este proceder suele terminar en innumerables ocasiones con la designación de candidatos que, una vez que han arribado al poder, abusan de éste para fines personales. Sin duda, ésta es una visión sin escrúpulos, pues parte de un esquema perverso de que el fin justifica los medios.

El enfoque aquí propuesto intenta retomar la primera definición aludida. Al mismo tiempo, se mencionarán ejemplos representativos de la antigüedad que denotan cómo los pueblos han enfrentado sus transiciones políticas. Es evidente que la información bibliográfica al respecto es vasta, pero precisamente uno de los objetivos del trabajo consiste en analizar estadios significativos que revelen cuándo y cómo se ha mudado de la monarquía a la aristocracia, su paso por la república, democracia o la oligarquía, incluyendo sus formas mixtas de constitución.

La primera lección plasma las notas escolásticas sobre la tipología de las formas de gobierno, en donde se revisarán las aportaciones clásicas de la ciencia política, las cuales plantearon las ventajas y desventajas de los diferentes gobiernos y desgobiernos que existieron en la historia. Lo anterior servirá como marco de referencia a todos aquellos que revaloran y utilizan aún éste tipo de herramientas teóricas.

---

[4] La palabra virtud tiene una serie de connotaciones: desde I.- Actividad o fuerza de las cosas para producir causar efectos. 2.- Fuerza, vigor o valor. 3.- Poder o potestad de obrar. 4.- Integridad de ánimo y bondad de vida. 5.- Acción virtuosa o recto modo de proceder. Disposición constante del alma para las acciones conformes a la ley moral. Es importante aclarar esto, en virtud de que, para Maquiavelo, la virtud política está precisamente en la fuerza para conquistar el poder. Conclusión, la idea griega sobre virtud tiene sin duda un significado más amplio que el conocido actualmente. La virtud es una disposición que se adquiere de una voluntad moral positiva.

Entiendo por teoría el conjunto de categorías y conceptos que explican una realidad, así como la interpretación y análisis de un conjunto de hechos, la relación entre ellos y su sistematización. La teoría no tendría ningún valor si ésta no fuera una herramienta que ayudara a lograr razonamientos precisos, o bien ser una guía para el análisis donde se pueda llegar a un resultado final, e incluso sea utilizada para realizar afirmaciones previamente comprobadas y sustentadas, tomando en consideración las distintas variables conceptuales.[5]

Por otra parte, el divino Platón, antes que el estagirita, sistematizó la teoría de las formas de gobierno. Sin embargo, entre ambos no coinciden con el concepto del principio político, que determina una forma de gobierno. Al respecto, Aristóteles señaló: "El mismo Platón se sintió preocupado por este punto y buscaba precisar si el camino que se debía seguir partía de los principios o iban más bien hacia ellos" (p. 275). De tal razonamiento hace escarnio quien fuera su alumno. Al respecto, escribe que: "preguntarse tal razonamiento es tanto como cuestionarse si los corredores de los estadios debían correr hacia donde se encuentran los jueces o de forma contraria." Con respecto a esto, se revisarán ambas posturas y se profundizará en la tesis del segundo autor, en tanto éste cuenta con una versión más completa del tema estudiado.

Antes de continuar, será necesaria una advertencia más: los autores consultados se revisarán únicamente en sus planteamientos relacionados con este tema, ya que el trabajo sólo aspira a inquietar al prudente lector para que, en caso de considerarlo necesario, penetre de manera profunda las fuentes originales.

Asimismo, es prudente señalar que los ocho libros de "Politiká" de Aristóteles constituyen una prolongación de su *Ética a Nicómaco*, en donde plasmó a través del conocimiento las acciones humanas al analizar las pasiones del hombre, cuyos temas deliberados también se plasmarán en este trabajo por considerar que guardan una relación estrecha con los objetivos centrales de la investigación. Ante tales planteamientos, el gran

---

[5]   Luis Pinto (2002), en el capítulo "Una Teoría de la Teoría", señala: "La Teoría hoy es una etiqueta tendiente a funcionar como una especie de título de nobleza cultural que marca el acceso a los grados supremos de realización intelectual" (p. 217). Sin embargo, la leona es una manera de comprender el sentido práctico en acción. Lo anterior podría mostrar la cientificidad con posibles beneficios, sobre todo, para el teórico político.

sabio griego sentenció: "En política ya no hay nada que decir." Lo que pretendía demostrar con esta sentencia es sin duda el comportamiento del ser humano, el cual es siempre el mismo, a pesar que las épocas históricas cambien. En todo caso, las diversas actitudes dependen de los intereses de clase, grupo o de la persona en específico, pero las tendencias de actuación del ser humano siempre son las mismas. Platón (1971) señaló sobre el tema lo siguiente: "Cuando las pasiones se relajan por haber cesado en su tensión, se cumple exactamente lo que dice Sófocles, nos liberamos de una muchedumbre de tiranos dementes".

De la misma manera, se esbozarán de manera puntual las grandes dificultades por las que ha pasado la civilización, la cual está en la disyuntiva del sentimiento humano y racional frente a las ambiciones de poder de unos cuantos. Se puede decir que el animal político no es un ser racional, como se ha fantaseado, sino que es alguien con una gran inclinación por la guerra y el poder político, con el único afán de dominio de sus semejantes. Es un hecho por el cual las transiciones políticas se precipitan.

Las pasiones humanas alcanzan un predominio fundamental en la vida de las comunidades, desde la antigüedad, la modernidad e incluso en la contemporaneidad, donde se encuentran aún más diversificadas. Existen sociedades que reconocen más el mando tiránico que un mandato virtuoso y discreto, donde incluso se valora más al déspota que a un hombre prudente. Un ejemplo contemporáneo en este continente es la figura del general Pinochet quien, al parecer, salió mejor librado a pesar de ese comportamiento injusto hacia el pueblo chileno y, en cambio, sobre Salvador Allende, ex presidente de ese país, sacrificado por ese tirano, poco se recuerde de él.[6]

Una siguiente lección se destina a describir recurrentemente ciertas constituciones políticas, cuya experiencia histórica es reveladora de sus cambios políticos, como es el caso de México, Chile, España, entre otros, aunque cabe resaltar que no se pretende realizar estudios de caso específicos, puesto que la finalidad central del estudio es puramente teórico, un libro de texto para los estudiosos en la licenciatura de ciencias políticas. Cada

---

[6]   Norberto Bobbio en *La teoría de las formas de gobierno, en la historia del pensamiento político,* cita: Lo importante en toda sociedad es que haya "pasiones y resortes" que inducen al súbdito a cumplir su deber, ante todo el de la obediencia a las leyes. En esta parte analiza la posición de Montesquieu respectos a su estudio de las formas de gobierno.

ejemplo en particular mencionará en qué medida servirá para explicar los planteamientos generales.

A mi parecer, en la actualidad el estudio sobre las formas de gobierno y sus transiciones políticas es fundamental, pues en realidad afecta de una u otra manera a todos los integrantes de una sociedad. No obstante, es pertinente agregar aquí que Aristóteles señaló que la Ciencia Política "no contiene una experiencia del saber al alcance de todos." Por ello, pocos serán los que se atrevan a introducirse a esta reina de las ciencias, como es catalogada por algunos autores de la antigüedad y la contemporaneidad.

El estagirita dejó asentado en sus escritos que la política es un género de vida, concepto mismo que presupone el gobierno de los ciudadanos por sí mismos, es decir, un gobierno que no necesita de uno exterior por contar con una autoridad autosuficiente. Es importante reiterar que la política debe ser, antes que otra cosa, la elección de un género de vida, pero ésta tendrá que ser autosuficiente, con la finalidad de elegir el ocio filosófico, y sobre todo educativo, dejando fuera el negocio, la dependencia, el poder y la corrupción. Es por ello que todos aquellos que ejercen el poder en las oligarquías y tiranías contemporáneas, antes que animales políticos son bestias de poder, hombres degradados que usan el poder desnudo que corrompe a la autoridad.

Amable lector que se predispone a iniciar la lectura de las formas de gobierno y desgobierno: de esta manera quedan enunciados los propósitos del estudio que se presenta de manera atingente. Como ya se señaló, partiré del estudio de la autoridad, entendiendo ésta como la principal responsable de que los integrantes de una comunidad humana lleven a feliz término su vida cotidiana.

Una primera tentación para iniciar este estudio fue plasmar, a través de la visión política, todo lo relacionado con el principio de autoridad, descubriendo así la virtud de mando en la autoridad política, contraria como ya se señaló al poder tiránico o despótico.

La parte de la investigación sobre las formas de gobierno y su tipología pretende ser una lectura básica para el estudioso universitario, pero quizás también para los políticos modernos, a quienes pudiera servir de fundamento en su práctica cotidiana, así como en sus propuestas, sobre todo cuando se encuentren en niveles de toma de decisión política, puesto que el fin último de la política no es únicamente el conocimiento teórico, sino también la acción.

Aristóteles señaló que para muchos pueblos es casi imposible alcanzar la constitución ideal; por ello, el auténtico hombre de Estado no deberá desconocer la forma de gobierno mejor ni la que puede resultar más adecuada para ese modelo de Constitución.

Conviene reafirmar que el producto de este ensayo de carácter político académico es el resultante de una actividad de muchas horas frente a la computadora, pero principalmente ante los grupos de estudiantes de teoría política.

Aristóteles, en su *Ética Nicomaquea*, Libro Primero, acotó que: "todo arte y toda investigación tienden siempre hacia algún bien". Parafraseando el texto, para el caso de este estudio se pretender analizar la temática aludida, tratando de realizar algunas aportaciones puestas a la consideración del lector.

Cabe reiterar que una de las principales motivaciones que condujeron a la realización de este documento radicó en que actualmente se viene dando una tergiversación y manipulación de categorías y conceptos en torno a la teoría de las formas de gobierno que vienen realizando algunos autores contemporáneos e incluso cierto tipo de gobernantes. Este hecho se traduce en discursos y acciones políticas no convenientes para el bienestar social de las poblaciones. Los diversos ejemplos se encuentran en algunas transiciones políticas en América Latina, incluyendo México, y ciertos modelos de la Europa occidental y oriental. Para analizar y demostrar tal afirmación, se revisarán, como ya se indicó más arriba, algunos aportes de los clásicos de la teoría política, así como de autores de contemporáneos de la ciencia política.

El método de análisis que seguiré consiste en plantear las dificultades al extraer de los clásicos tesis que ellos mismos explicaron con ejemplos de su propia época. Sin embargo, retomaré la verdadera sustancia intelectual de la teoría clásica, misma que nos podrá dar una visión más amplia de la vida interna del Estado contemporáneo, sobre todo las relaciones sociales que establecen los hombres en su devenir, así como la determinación de sus formas de gobierno, perturbadas siempre por sus transiciones políticas.

Ése sería el punto de partida: determinar las distintas instituciones y clases de Estado, así como sus transiciones políticas, a través de un análisis teórico con ejemplos históricos, profundizando el análisis de las formas de gobierno más conocidas: la tiranía, la oligarquía y la democracia.

La hipótesis central del trabajo, puesta a su consideración, consiste en demostrar que la teoría política clásica relativa a las formas de gobierno, continúa siendo vigente y aporta las herramientas de análisis necesarias para interpretar los fenómenos políticos actuales que ocurren en cualquier parte del mundo. Categorías políticas tan decisivas como es el caso de "la autoridad", el poder, la dialéctica del amo y del esclavo, la democracia, la guerra, la oligarquía, así corno las pasiones humanas en general, representan connotaciones teóricas y prácticas de comportamientos reales que, sin duda, ya fueron ampliamente tratadas por los clásicos, mientras que las nuevas escuelas de pensamiento y demás interpretaciones de ciertos grupos en el poder se han presentado como las innovadoras y actualizadoras de lo que en realidad deja mucho que desear.

Ello responde a intereses de clase específicos que incluso han impactado el lenguaje cotidiano para explicarse una realidad determinada. En efecto, por muchos años las herramientas de la teoría política clásica han sido tergiversadas por numerosos representantes de las diferentes corrientes de pensamiento moderno y contemporáneo, mismos que obscurecen el análisis de las formas de gobierno y desgobierno, sobre todo la tiranía, oligarquía y democracia con sus ciclos políticos correspondientes. Así, por ejemplo, se ha llegado a identificar la democracia como la mejor forma de gobierno; no obstante, la historia de la humanidad ha demostrado que no necesariamente esta modalidad ha llevado a las mayorías a mejorar su calidad de vida.

Sin duda, la apreciación anterior estará presente a lo largo de todo el trabajo de investigación, motivo por el cual se creyó necesario reiterarla al final de este prólogo, que tiene como propósito fundamental apuntar los rasgos teóricos que regirán el siguiente análisis. De esta manera, si los ciclos tienen al tiempo como parte importante, donde la pregunta es ¿cuál es la diferencia entre lo simultaneo y lo continuo, qué relación existe entre el pasado y el presente, e incluso sobre las expectativas del futuro, que podrían afectar la vida de un Estado, para cambiar o cerrar su influjo sobre el hoy? La pregunta es para aquellos que critican el pensamiento clásico y sobre todo aristotélico. Porque el tiempo, como al vida misma, tanto de individuos como de pueblos, debe ser lineal y no cíclica o incluso en espiral.

FORMAS DE GOBIERNO

El error siempre tiene lugar al comienzo y el comienzo, como dice el proverbio, es la mitad del todo, de manera que la más leve equivocación al comienzo guarda esta misma proporción.

Aristóteles.

Un mal comienzo causa tanto daño como todos los demás errores posteriores; por ello, no resulta ocioso recordar, a través del estudio de la teoría política clásica, cuántas y cuáles son las formas de gobierno. Lo anterior es necesario por la diversidad de criterios de interpretación e incluso por la constante tergiversación que se hace sobre la tipología de las formas de gobierno, así como los principios políticos que las determinan pero, sobre todo, las explican.

El objetivo es hacer un diagnóstico sobre los diferentes tipos de gobierno y desgobierno, explicándolos a través de los aspectos cuantitativos y cualitativos, elementos que resultan útiles para identificar y clasificar dichas formas de gobierno, con el propósito de determinar la esencia de cada uno de ellas. Con lo anterior se podrá demostrar cómo están estructurados, investigando el todo y no únicamente las partes, lo cual es una práctica común de numerosos estudiosos de la modernidad política, quienes desarrollan sólo un grado del gobierno, es decir, son estudios especializados sobre la legitimidad, el poder, la estabilidad política, la eficacia en las acciones gubernamentales, temas que, por lo demás, constituyen excelentes trabajos y aportaciones sociológicas interesantes.[7]

Ante tales hechos, se pretende retomar la teoría política clásica que, como se demostrará a lo largo del presente trabajo, cobra plena vigencia en la actualidad, aunque cabe destacar que numerosas corrientes de pensamiento contemporáneas la han desplazado, pretendiendo perfilarse como las innovadoras y las productoras de nuevos conocimientos, pues argumentan que la realidad actual es radicalmente diferente a la época que vio nacer a los filósofos griegos alrededor de medio siglo antes de la era actual. Ellos, sin embargo, aportaron un bagaje teórico indispensable para la comprensión actual.[8]

Lo cierto es que los modelos teóricos de dicha época fueron gradualmente sustituidos por nuevas corrientes de pensamiento, como es el caso ahora de la escuela angloamericana de gran presencia mundial, la cual ha venido justificando, más no explicando, el estado de cosas contemporáneas en oposición a otras interpretaciones teóricas. Esta vertiente se profundizó aún más a partir de la extinción de los países democráticos (socialistas) y de la expansión mundial oligarca (capitalista), que buscó nuevas teorías, y, en general, otras explicaciones ideológicas, frente a los sucesos políticos, económicos y sociales mundiales del momento.

En efecto, con la entronización del funcionalismo de gran producción académica, resultado del gran apoyo que recibe, es difícil que otras corrientes de pensamiento se abran paso. En la actualidad este tipo de estudios justifican todo un proceso de acciones políticas dentro del Estado, son de uso común para el análisis de eventos contemporáneos, sobre todo en investigaciones de carácter político-comparativo, cuyos temas en su

---

[7] La cita completa es: "La diferencia política más importante entre los países se refiere, no a su forma de gobierno, sino al grado de gobierno con que cuenten" (Huntington, 1972, p. 13).

[8] Pareciera realmente ilusorio pretender escribir sobre la Teoría Política clásica. A primera vista pasaría lo que señala esa misma corriente de pensamiento: se afirma que en política nada.

mayoría son las llamadas "transiciones democráticas, o bien, democracias modernas" (Berger & Huntington, 2002, p. 421).[9]

Se han dejado de lado otras representaciones académicas, como el propio marxismo, el positivismo, escuelas como la de Frankfurt, la francesa, e incluso la italiana, con un peso específico cada una de ellas en su momento. El caso es que ahora una gran parte de investigadores, en un alto porcentaje del globo terráqueo, están viendo al universo político a través de la gafas de estos científicos sociales angloamericanos. Sin embargo, es difícil pensar que los oligarcas puedan dar cuenta de una forma democrática o bien republicana sin llevar una cuota ideológica.

No obstante esa especie de ocaso de la teoría clásica, los autores e iniciadores de esta escuela están más vivos que nunca, aunque su influjo actual sea mal interpretado; tal es el caso de categorías como oligarquía, tiranía, monarquía y democracia, entre otras, que hoy en día son empleadas por convención o inercia y a las cuales se les ha dado un significado deformado, o bien están siendo utilizadas con intereses políticos definidos.

Es necesario señalar que la teoría clásica nos muestra tres formas de gobierno originales, las cuales también son conocidas como constituciones rectas, a saber: monarquía, aristocracia y república, de las cuales se desprenden sus contrapartes, catalogadas teóricamente como constituciones corrompidas o de desgobierno. De esta manera, las desviaciones son: la tiranía, que corresponde a la realeza; la oligarquía, cuya contraparte es la aristocracia, y la democracia, que es corrupción de la república, según lo expone la teoría clásica, en esta ocasión a través de Aristóteles, fundamentalmente.[10]

---

[9] Éste es un ejemplo del tipo de investigaciones que se viene realizando actualmente en la mayor parte de los países, eminentemente con la visión de la escuela angloamericana. No se trata de estar en contra de este tipo de investigaciones; al igual que la fobia marxista que por mucho tiempo privó en la UNAM. esta actitud deberá quedar atrás. Aquí se trata única mente de señalar las diferencias entre este tipo de trabajos y el nuestro.

[10] La expresión gobierno constitucional es la visión anglosajona de la traducción de los textos griegos, sobre todo de la obra de Aristóteles, pues para el lector hispano no es muy compresible dicho término o categoría, por lo que para el trabajo de *Forma de gobierno y sus transiciones políticas*, la expresión constitución es traducido en gobierno o Estado.

Las formas de gobierno tienen un orden y un principio político determinado por el devenir histórico de los pueblos, pero básicamente dependerán de la clase social en el poder, que es, en última instancia, la única que puede modificar dicho orden. Los autores clásicos explican cómo los gobiernos, primero de monarquía y posteriormente de aristocracia y república, se fueron degradando, llevando así hasta las últimas consecuencias sus transiciones políticas, mismas que deberán analizarse dentro del presente texto a partir de la revisión de algunos ejemplos históricos. Para que el lector tenga una idea general de la pretensión y alcance de este estudio, conviene referir a la descripción del contenido de la obra monumental de Aristóteles, al haber estudiado más de cien constituciones políticas. Solamente espero que dicho libro tenga una valía didáctica inestimable como un instrumento de aprendizaje.

FORMAS DE TIRANÍA

Había una vez un macho todopoderoso, señor y padre de una horda
de errantes, que no vacilaba en masacrar, castrar o expulsar a sus
hijos para ser único en gozar en todas las hembras. Un día, los
hombres expulsados se reunieron, mataron al padre y se lo comieron;
así saciaron su odio pero también su amor porque al asimilar su
cuerpo se identificaron con él. Pero muy pronto se sintieron culpables
y fueron presa de remordimientos. Condenaron su acción. Y lo que
en otro tiempo había impedido el padre por solo hecho de existir, los
hijos se los prohibieron a sí mismos: el padre muerto se volvió más
poderoso de lo que había sido cuando vivía.

Alain Grosríchard.

Resulta particularmente interesante comenzar por el estudio de la monarquía
de tiranía pues, tanto en el plano teórico como en la práctica política,
intervienen numerosos fenómenos que la explican. Asimismo, es un tópico
de interés actual, a partir de la implantación de la forma de gobierno de
tiranía en algunas zonas del mundo, con los consecuentes atropellos para
las poblaciones que habitan estos lugares.

La tiranía de carácter unipersonal es un tipo de Estado donde se
gobierna a favor del tirano, en el cual efectivamente el déspota ejerce su
poder sobre su pueblo, pues aquel siempre busca su propio bien. La tiranía
es lo contrario a la monarquía de realeza, respecto a lo cual Aristóteles
(1982) señaló que ésta fuera de toda duda que "la tiranía" es la peor forma de
gobierno (p. 467). Siguiendo al estagirita, se puede decir que la monarquía
puede ser de realeza o bien de tiranía y esta última es la más degradante.
Por tanto, es importante reiterar dicha diferencia, pues un gran número

de investigadores la dan como una sola, al identificarla como monarquía tradicional.

Para encontrar o designar la diferencia entre la realeza y la tiranía, es necesario, primero, aclarar el significado de la autoridad política, en la cual radica el principio de realeza, un asunto que se analizará a lo largo del texto. En cambio, en la tiranía se encuentra implícita la manera de organizar y utilizar el poder; es ahí donde ambas podrían empezar a distinguirse. La palabra del latín, *monarchia,* significa Estado regido por un monarca (Real Academia Española, 1993, p. 985). Sin embargo, esa palabra viene del griego y se compone de dos voces: "moñón y arqué", cuyo significado es "uno" y "principio", causa primera. Quizá por dicha definición se utilice de manera indistinta nombrar al gobierno de monarquía de realeza con el de tiranía.

La autoridad de un gobernante ante sus gobernados es totalmente distinta de la que ejerce un tirano sobre su comunidad, sobre todo porque este último presume que la población es incapaz de gobernarse por sí misma, por tal motivo gobierna sobre la base del poder. Un ejemplo de tal confusión se encuentra en el trabajo de Samuel Huntington (1972), pues en su capítulo "Pretorianismo y decadencia política" habla de "monarquía gobernante tradicional" o bien de "monarquía absoluta", sin explicar en el texto a cuál monarquía se refiere aunque, por el manejo del tema, se denota que es el de tiranía, como si todas la monarquías fuesen tiránicas.

Platón (1971) indica que la tiranía no se obtiene a pasos contados, sino de un golpe, se apodera de todo lo ajeno por el fraude o por la violencia, lo mismo de lo sagrado como de lo profano, del dominio privado como público. "Con el avance del conocimiento de lo justo y la justicia, y de lo injusto y la justicia, ignoran que la justicia y lo justo son, en realidad, el bien ajeno, ya que el interés del más fuerte y el que manda es propio del que obedece (p. 24)."

Es mediante el uso y abuso del poder como los tiranos se ayudan a sí mismos a conservarse en los cargos políticos de ese tipo de gobierno, donde es común la existencia de la mezquindad y la bajeza, actitudes que el sabio Aristóteles clasifica en tres: primera, mantener humillados a los pobladores, segunda, que se encuentren en constante desconfianza mutua, y tercera, privar a los ciudadanos de toda participación en cualquier acción política, evitando de esa manera la caída de ese Estado.

Así, bajo esas premisas se puede señalar que la forma de gobierno tirana es la peor de todas porque, como ya fue señalado, la corrupción predomina, siendo el déspota la parte más injusta, puesto que encarna la degradación más profunda de la autoridad política.

Antes de definir el significado de tiranía, es conveniente señalar algunas prácticas o triquiñuelas que identifican a estos tiranos; entre ellas está sangrar a la ciudadanía con aranceles, impuestos, contribuciones altas, con la finalidad de que tales riquezas del país vayan a parar al tesoro personal o de grupo. Asimismo, mantener un continuo estado de guerra, intervenciones, incluso sin ninguna necesidad, con el único propósito de mantener ocupado al pueblo y que no descubran las corrupciones del tirano.

"La diferencia con un monarca de realeza es que éste se conserva y se engrandece con los gobernados y amigos, mientras que éstos últimos, en los gobiernos de tiranía, lo arruinan. Por último, se puede decir que ningún Estado adquirido con la violencia podrá ser gobernado correctamente."[11]

Marc Shell (1981), en su libro *La economía de la literatura*, señaló que la tiranía política es un fenómeno en la cultura del estado griego, donde la palabra *tyrannos* es de origen lidio.[12]

Platón, en *La República* (1971) o de lo Justo, Libro Segundo, señala:

> Gyges debió ser el primer tirano, cuyo arquetipo fue acuñado por los estudiosos de la historia de Grecia, el déspota lidio tuvo como fuente de poder, primero el anillo de oro extraído de un cadáver que se encontraba dentro de un caballo de bronce, cuyas cualidades descubrió en una asamblea donde se daba cuenta al rey sobre los rebaños de éste. Al sentarse en dicha reunión y frotarlo se hizo invisible para sus compañeros, asombrados sobre ese hecho, posteriormente llegó a los aposentos del palacio y utilizando el hechizo corrompe a la reina y con ayuda de ella se deshace del rey y se apodera del trono.

La perversidad de Gyges, quien siendo un pastor abusó de un poder mágico para su propio beneficio, constituye un primer ejemplo del tirano malvado que oprime y actúa arbitrariamente, con la finalidad de gobernar y mantener sometido al pueblo. Quizá en la mente de numerosos hombres contemporáneos dedicados a los asuntos públicos siga operando secretamente un anillo con esas características, en cuyo caso aún se continúa

---

[11] Settala (1988) desarrolla una gama de esquemas sobre las actividades y atrocidades de estos tiranos.

[12] Marc, cita Jaeger (1994), relaciona la revolución con la tiranía, el cual es un estadio intermedio entre el gobierno de la nobleza y el gobierno del pueblo.

comerciando con el poder a favor de la injusticia, pues dicho anillo, de acuerdo a la metáfora griega, corrompe toda debilidad humana.

Aristóteles indica que la necesidad de estos tiranos consiste en eliminar a los prudentes, sabios y valientes a cambio de conservar su poder y la corona. Acerca de ello, se revisarán más adelante algunos ejemplos históricos, no solamente relativos a la tiranía unipersonal, sino también a esa tiranía de *los pocos,* mismos que, de acuerdo a la clasificación aristotélica, solamente representan los intereses de la clase oligarca, esa plutocracia que se aferra al poder aun cuando el pueblo no la soporta.

Pero también existe la tiranía de los muchos, como la llamaba el filósofo griego al identificar ciertas clases que no guardan el equilibrio cuando éstas toman el poder, pues desconocen la división de clases para únicamente reconocerse como clase suprema. Nos referimos fundamentalmente a dos formas de gobierno: la oligarquía y la democracia, respectivamente, las cuales hasta la fecha no han sufrido cambios sustanciales. Esta investigación se centra precisamente en el recorrido de estas formas de gobierno clásicas.

Por lo pronto, es necesario retomar las herramientas de la teoría clásica para realizar el análisis del principio monárquico, del cual derivan las formas anteriormente mencionadas y nos remite directamente a un contenido de esencia paternal. El sabio Aristóteles también escribió que entre los persas y otros pueblos asiáticos el poder paterno llegó a ser tiránico, pues ellos se conducían ante sus hijos como si éstos fueran sus esclavos. Así, la tiranía, "Es el poder de un amo sobre sus esclavos, en donde éste lo único que busca es su propio beneficio e interés".[13] En el caso de la corte persa, una de las tantas ventajas del tirano consistía en que la obediencia de los súbditos era obligatoria; éstos eran simples cortesanos, tanto o igualmente opacados que los propios esclavos; por ello el tirano se aprovechaba de su astucia para participar de las más perversas maldades en contra de la comunidad.

Aristóteles, al describir la forma de gobierno monárquica, insiste en que sus modalidades se pueden dar en completa oposición una de otra. En el caso referido, el tirano emplea la monarquía para tomar y conservar el poder de manera malvada, haciéndose "invisible" para gobernar engañosamente. Aquí, paradójicamente la injusticia radica en aparentar precisamente ser un gobernante justo, aunque en este engaño la demagogia juega su papel importante. Quizás por ello los gobernantes persas siempre

---

[13]   Sobre el tema, véase la "Ética Nicomaquea", de Aristóteles (1982). Libro Octavo, Capítulo 11.

se distinguieron por sus excesos ante la comunidad, muy a pesar de que, según cuenta Jenofonte en el Libro III de la Ciropedia, en los principados persas a los mentirosos se les consideraba como los más despreciables.

Es así como las monarquías de realeza históricamente se han llegado a corromper pues, cuando esto sucede, se convierten en tiranías. Un rey perverso viene a ser un tirano; su forma y esencia se degrada para transformar una monarquía con virtud de mando en una tiranía donde el déspota, a través de poderes autocráticos, busca su propio beneficio, aunque no siempre la forma de gobierno monárquica es la que se corrompe. Puede ocurrir que el tirano sea quien conquiste el poder a base de la fuerza militar o lo logre con engaños y de esta manera instaure un gobierno autoritario. Por ello, todos los tipos de tiranías son menospreciadas desde hace mucho tiempo, pues cuando las sucesiones se realizan por medio de la sangre, los gobernantes frecuentemente llegan a los tronos desprovistos de cualidades en las artes de gobernar. Es así como la tiranía se opone a la realeza de la cual es alteración.

Norberto Bobbio (1976), en su libro *La teoría de las formas de gobierno en la historia del pensamiento político*, en el Capítulo XIV, indicó que, "el despotismo, las dictaduras, el absolutismo y la tiranía no son sinónimos, únicamente tienen en común la índole monocrática y el carácter absoluto del poder".[14] Ésta será justamente la referencia en este trabajo de investigación, aunque cabe señalar que no solamente es cuestión de conceptos o lingüística; quizá sea necesario profundizar en categorías políticas donde se expliquen situaciones históricas diferentes.

El problema del análisis de la teoría política clásica para aquellos que no están iniciados en ella es que encuentra una dificultad de comprensión, tal vez por el tipo de lenguaje, por lo cual podrían confundirse conceptos y ser tomados únicamente como esquemas del ámbito moral o del psicoanálisis. Tal vez en ese desconcierto no estén tan errados, pues el número de personas afectadas por una medida política errónea es, sin duda, una consideración moral importante de analizar, sobre todo cuando se dan consecuencias políticas y sociales no siempre adecuadas, a pesar de que tal toma de

---

[14] Norberto Bobbio, amigo lector, usted mismo juzgue este párrafo del libro: "La naturaleza temporal de la dictadura hizo que siempre fuese diferenciada de la tirana y del despotismo como una forma de gobierno positiva, por ello jamás haya sido confundida con las formas corruptas o negativas, como puede verse, según las referencias de autores conocidos, Maquiavelo, Bodino y Rousseau".

decisión fue desapasionada, pero sí equivocada. Quizá existan objeciones de algunos profanos, pero todas son inválidas ante todo título de poder o bien de autoridad.[15]

En los gobiernos tiranos no está asegurada la suerte de nadie, ni siquiera la de los funcionarios públicos, mucho menos la de los particulares de esa administración, pues el tirano está tan embelesado de su poder que hasta teme el estorbo de sus propias leyes. Incluso gusta de ver a sus subordinados aterrados, con la finalidad de no encontrar nunca en ellos ni una posibilidad de estar en contra. La gran mayoría de los déspotas, por su ambición de poder, desean también ser amados con más viveza, de ahí la razón de hacerse rodear con frecuencia de aduladores, quienes comúnmente son seres humanos de inferior categoría. Sin embargo, entre más tiempo el déspota esté revestido de poder o, mejor dicho, entre más haya vivido en el ejercicio de la tiranía, más malvado será.

El mismo cristianismo, por medio de la Biblia, demanda obediencia y subyugación al derecho de los reyes, en donde los siervos siempre estarán en obediencia hacia el rey, quien tendrá el derecho ineludible de hacerlos obedecer como si fueran parte de su cuerpo. Corresponde al monarca prescribir las reglas del juego. San Pablo señaló: Los siervos obedecen a sus señores en todas las cosas. Hobbes escribe: Mismo Jesús, como rey de los judíos, pagó las tasas impuestas por los monarcas al decir: "Dad al César lo que es del César", donde la palabra del rey es suficiente para arrebatar cualquier cosa a sus súbditos.

Las tiranías contemporáneas utilizan los mismos esquemas y costumbres de las cortes de Persia. ¿Por qué no recordar a Montesquieu (2000), en sus *Cartas persas*, o bien a otros autores que narran todo ese horror que se daba dentro de la estructura del harem? Este fue un esquema que jugó un papel importante en ese imperio asiático, pues la estructura de poder que representaba el Sultán era decisiva; al soberano únicamente podía vérsele veladamente cada vez que la luna llena aparecía sobre ese cielo estrellado característico de esas tierras desérticas. Mientras tanto, dentro del harem, el Urano se encontraba rodeado de eunucos y mujeres y el gran visir, su administrador, le reportaba desde afuera del serrallo, a través de celosías, de todo lo que ocurría en su reinado. Dicho administrador, incluso, debía

---

[15]   Patricio Marcos (1993) realiza un excelente trabajo sobre el tema relacionado con la política y el psicoanálisis, ya que no se encuentran separados uno de otro, e inclusive Aristóteles, en su "Tratado del Alma", maneja los aspectos.

adivinar las órdenes políticas del déspota, pero sí se llegaba a equivocar, el riesgo era perder la cabeza.

Pero ni dentro ni fuera del serrallo se permitía que todo aquello que hablaban o que realizaran los súbditos pudiera ser ocultado al gran turco. Por tal razón, se hacían rodear de una fortaleza de lealtades, además de tener espías a quienes se les llamaban "ojos y oídos" del emperador. Recuérdese que este servicio de espionaje en los estados contemporáneos se realiza a través de agentes de gobernación o empleados de las agencias de inteligencia de seguridad nacional.

Por otra parte, Aristóteles (1982) manejó tres especies de tiranía, a saber:

> En las dos especies de tiranía, su poder linda de alguna manera con la realeza, donde esas dos formas de gobierno están de acuerdo con la ley, en efecto son elegidos gobernantes monárquicos con poderes autocráticos en donde sus súbditos son voluntariamente sometidos, y gobiernan de manera despótica y de conformidad con su propio juicio. La tercera especie es la contrapartida de la realeza absoluta, donde se ejerce un gobierno irresponsable sobre súbditos todos de una misma clase alta, con la mira puesta en sus intereses privados y no en los intereses de los gobernados. (p. 834)[16]

Cómo bien se puede ver, esas tres especies de gobierno tiránicos son diversas entre sí pues, para mantenerse en el poder, tendrán que buscar caminos diferentes para conservar el Estado. Mientras uno lo lleva a cabo a través de la crueldad, los otros modelos son esquemas más benévolos y de carácter ideológico, es decir, no alteran la característica esencial de gobernar contra la voluntad del pueblo. Se trata de mantener el poder aplicando las reglas sobre la base de lo que llaman los juristas *Dellía Ragion di Stato*, un aspecto que en la modernidad cae la mayor de la veces en situaciones legitimadoras e ideológicas, pues dicha frase, creada por Botero en 1589, es violentada y otras veces utilizada a su favor de manera constante precisamente por estos tiranos. Sobre todo, en nuestra América

---

[16] La causa de la ruina y destrucción de los gobiernos son el poder, las riquezas, las lujurias, el miedo, el desprecio, la excelencia y el engrandecimiento. De éstas, cinco corresponden a la tiranía.

del Sur, en los constantes golpes de Estado que desgraciadamente aún sufren estos países.[17]

Siguiendo al estagirita y parafraseándolo, se puede decir que, si el monarca domina a la comunidad que le obedece contra su voluntad, inmediatamente pierde el nombre de rey, pues obligar a obedecer es propio de la tiranía. Aquí cabe recordar que no es lo mismo ejercer la autoridad que aplicar el poder irrestrictamente, lo cual es propio de las formas de gobierno tiránicas.

Conviene recordar que tales esquemas no son exclusivos de una sola persona, pues se puede comprobar a través de la historia de la humanidad que también la tiranía puede darse por unos cuantos, o bien por las mayorías. Platón en *La República* (1971) dibuja la tiranía de esta manera: "[. . .] el jefe del pueblo no puede abstenerse de derramar sangre de su pueblo [. . .] se mancha de homicidios, manda al exilio y a otros a la muerte, exigiendo el pago contribuyente". Con dicho concepto se puede demostrar que la tiranía, cualquiera que ésta sea, siempre estará en razón de su beneficio y solamente en contadas ocasiones para la comunidad, pues por todos los medios va a tratar primero de asegurar su reproducción.

Asimismo, Aristóteles (1982), en el Libro Cuarto de *Política,* expone un ejemplo sobre la forma de gobierno de tiranía unipersonal, arriba señalada, muy parecida a la forma de tiranía democrática de los muchos. Ahí señala lo siguiente: "Qué clase es la que significa Homero en las palabras —no es ningún bien el señorío de la multitud— un pueblo que es como un monarca donde ejerce un gobierno que excluye la ley y administra de manera despótica sobre las demás clases, y los decretos votados por la asamblea son los mismos que los emanados de un tirano."

La monarquía es una forma de gobierno que se caracteriza por las atribuciones y facultades que tiene la autoridad suprema. Es precisamente el rey, reina, emperador o emperatriz quien ejerce el poder supremo y es el único responsable ante su pueblo y al exterior de éste. En gobiernos con regímenes presidenciales, se sustentan tiranías a través de las grandes facultades que les confiere su Carta General, sobre todo de las leyes que de ella emanan, que van desde contar con todo el poder a través de las fuerzas armadas del país,

---

[17]   Hunington (1972) señala que el poder significa influencia o dominio sobre acciones de otros. Pone el ejemplo del ejército. Se denota que este autor funcionalista no está consciente de lo que es un ejército pretoriano a cargo de estos golpeadores, no solamente en Centro o Sudamérica, sino también en otras partes del mundo, donde ocurrieron golpes de Estado con represión y censura.

el control de la economía, los medios masivos de información, entre otros aspectos. En algunas ocasiones se trata del mismo paternalismo de Estado, muy comentado en la actualidad, mismo que proviene y corresponde a este tipo de estructura monárquica, unas veces de realeza, pero las más de tiranía.

Es evidente lo que señalan los autores clásicos, quienes indican que para la existencia de un buen Estado, "es indispensable la justicia, la virtud cívica, la riqueza y la libertad." Sin embargo, las desviaciones o formas anómalas o aberrantes de gobierno generan enemigos, sobre todo insidias. Por ello, la tiranía se considera la peor forma de desgobierno, pues ésta es antinatural y contraria a la conducta humana.

Los tiranos, cuyas calamidades se expresaron en la historia de la humanidad hace más de dos mil quinientos años, aún siguen apareciendo, con las mismas características de ambición, quizá ciñéndose, ya no la corona, pero sí la banda presidencial, ya sea con una vestimenta militar o civil. La misma doctrina clásica señala que la corrupción del principio político está en el exceso de poder. Cuando éste es utilizado con frecuencia, la relación gobernante gobernado es descarnada y vil. Aristóteles señaló que la tiranía es la más corrupta debido a que ésta participa de las maldades propias y de las otras dos formas de gobierno desviadas: la oligarquía y la democracia.

En su momento se analizará el principio político de la forma de gobierno oligarca, cuya clase en el poder está conformada por individuos que, en su desmedida pasión por la apropiación, transforman toda pretensión en una ambición inmoderada de poder y riqueza. La avaricia de unos cuantos, crea el descontento y la violencia de aquellos que con lo único que cuentan es con su fuerza de trabajo. Sobre este tema el gran estagirita señala: "La tiranía es una composición de oligarquía y democracia en sus formas extremas y por esta razón la tiranía es también la forma más nociva de gobierno, en cuanto es combinación de dos elementos perniciosos" (Aristóteles, 1982, p. 886).

Parafraseado a Platón (1971), éste señaló que el tirano se encuentra tres veces más pervertido y alejado de la verdad que aquel que goza el hombre con un principio oligárquico, sin olvidar que también este último se encuentra tres veces más lejano que el hombre aristócrata, pero aún todavía más de setecientas veces que el rey justo perteneciente a la monarquía de realeza.[18] Precisamente ese comportamiento tirano es la causa de la ruina de

---

[18]   El cálculo, según el libro, está fundado en el teorema geométrico de los sólidos, cuyas dimensiones todas son proporcionales, guardando entre sí una relación triple, o como los cubos de una de sus dimensiones.

esa forma de gobierno, pues son varias las causas que impulsan al pueblo a conjurar en su contra; la mayoría de las veces es el odio lo que provoca la ira de los ofendidos para derrocar este tipo de desgobiernos.

Según cuenta la historia, menos de un año duró el régimen de los Treinta Tiranos. Por cierto, Critias, que era tío de Platón, fue un político de mayor relieve en ese odioso gobierno donde perecieron más atenienses que en toda la guerra del Peloponeso. Sin duda, Plutarco señaló, fue una acción perversa donde se llevaron a cabo una serie de ejecuciones, con la única finalidad de apoderarse de los bienes de las víctimas, así como de librarse de sus enemigos en potencia.

Comentando el poder unipersonal del tirano, Etienne de la Boétie (2001), en su obra *El discurso de la servidumbre voluntaria,* indicó: "No veo bien en la soberanía de muchos; uno solo sea el amo, uno solo sea el rey" (p. 76). Aún con algunas explicaciones, dudas y justificaciones de los autores clásicos, modernos y aún contemporáneos, no se entiende cómo se puede soportar al tirano, quien no dispone más poder que el que él mismo se otorga.

Lo sorprendente, dice de la Boétie, es que la mayoría de las veces el tirano no es un superhombre o un Hércules, sino un hombrecillo, la más de las veces cobarde. La historia de la humanidad está llena de ellos, unas veces apoyados por grupos oligarcas; otros, por la propia aceptación de determinados grupos de hombres que sirven de buen grado al tirano, pues hay quienes nacen para obedecer y, por otra parte, aquellos que aprovechan la ocasión para oprimir. ¿Quién puede borrar de la historia a personajes lúgubres como Nerón y Julio César en la Roma invadida de lujuria con un pueblo embrutecido por estos tiranos?

De la misma forma, por qué no citar el caso del Huey-Tlatoani Motecuzoma Xocoyotzin, monarca azteca quien, siendo tibio y cobarde, era respetado por un pueblo, al cual dejó masacrar en varias ocasiones sin tener una respuesta viril. Es conocido el ejemplo de Cholula, o el del propio templo de Tenochtitlan, donde la brutalidad de las huestes de Hernán Cortés exterminó a miles de niños, mujeres y ancianos inocentes. Lo grave fue que hubo complacencia por parte de este monarca inmoral, un rey que abandonó a su pueblo para después ser esclavizado por un puñado de hombres blancos aventureros, quienes sin ningún respeto enterraron toda una cultura a base de fuego y atrocidad.

Bien se dice que la historia la escriben los vencedores, pues hasta la fecha no se pone en su justa dimensión dicha transición, un evento donde la monarquía azteca fue exterminada. Precisamente, según Bernal Díaz del Castillo, es Cuauhtemotzín el último monarca a quien el tirano de Cortés hizo quemar las plantas de los pies después de habérselos metido en aceite caliente, para que confesara dónde se encontraban sus tesoros. Él mismo nos narra el fin que tuvo el rey de Tlacopan (Tacuba), así como el de Acolhuacan (Texcoco). Estos últimos fueron colgados de los pies de un árbol, con la intención de prolongar su tormento.

Existen ejemplos contemporáneos de los mayores criminales de la historia, como son los casos de Hitler, en Alemania; Franco, en España; Pinochet, en Chile, o bien Stalin, en la ex Unión Soviética, así como Mussolini, entre otros manipuladores del poder que obedecen al esquema de la tiranía perversa. Los déspotas son apoyados en sus deseos regularmente por la clase rica o por grupos con intereses personales, pero las más de las ocasiones, una vez tomado el poder, es la astucia del tirano quien lo arrastra de manera cruel. La mayoría de las veces, las sediciones de parte de la clase rica se presentan porque ésta no tiene asegurada la posición de sus bienes, por ello la mayoría de las veces apoya este tipo de gobierno. En el esquema arriba señalado, el modelo fascista es un buen ejemplo moderno de lo que son capaces de hacer de manera inverosímil los tiranos y la forma bárbara que utilizan para preservarse en el poder.

Precisamente, recordemos una vez más que a causa de este tipo de acciones es que la historia se encuentra llena de transiciones políticas, donde los gobiernos tiranos han pasado en su momento a mejor vida. De ahí la importancia de este tipo de hechos, los cuales sirven para reflexionar sobre aquellos modelos políticos que afligen aún a la humanidad. No se puede hablar de estos ciclos políticos sin tomar en consideración el espacio y el tiempo en que se desarrollaron, con la finalidad de comprender lo ocurrido y realizar previsiones de su futuro mismo.

Si vemos la vida del ser humano como un ciclo que inicia con el advenimiento a este mundo y culmina con la muerte, también la historia de las comunidades políticas puede ser analizada a través de esa concepción cíclica que se inicia con los gobiernos de principios políticos anteriores y concluyen con otras formas de gobierno posteriores, en donde, la mayoría de las ocasiones, caminan de la sana autoridad política al despotismo en todas sus manifestaciones. La analogía, o bien la metáfora entre la vida individual y la comunitaria ayuda a mostrar al lego en Teoría Política los ciclos políticos de la vida del Estado.

Karl Raimund Popper (1992), en su texto *La sociedad abierta y sus enemigos,* esboza precisamente que la sociedad contemporánea: "se encuentra aún reproduciendo esquemas de la sociedad organizada en tribus, debido a un sentimiento humano y racional, donde aún no se ha recobrado de la transición de la sociedad tribal". Sin embargo, como ya se había comentado con anterioridad, en política no puede haber nada nuevo bajo el sol, por la sencilla razón de que el ser humano no puede dominar sus pasiones, sobre todo cuando se trata de la ambición por el poder, las armas y la guerra misma, cuyos elementos han determinado históricamente la subyugación del ser humano.

Hobbes, respecto al poder de un hombre, señaló que éste puede ser de carácter original o instrumental. En el primero se utilizan las facultades del cuerpo o la inteligencia, la fuerza y la belleza, entre otros más.[19] En segundo lugar, es el poder que se adquiere mediante cuestiones aleatorias de la vida, golpes de suerte o designios de Dios, pero ambos sirven como instrumentos para subyugar.

El mismo Hobbes en 1651, en el capítulo XX de su obra *Leviatan*, discierne sobre el dominio paternal y el despótico. En este último se encuentra el temor a la muerte o la violencia, pues su dominio se adquiere por dos procedimientos, por herencia o por conquista a través de las armas, mediante hechos sangrientos en la guerra. Es nuevamente hablar del opresor, del amo ante el esclavo, una dialéctica ya comentada, tratada por Aristóteles así como por otros autores, quienes confirman la existencia del tirano y la dualidad entre el que manda y el que obedece, el victorioso y el vencido, el gobernante y los gobernados.

Según Thomas Hobbes, es necesario señalar que los súbditos no pueden cambiar las formas de gobierno. El poder soberano se obtiene por dos conductos, uno, por la fuerza natural, por ejemplo, cuando el hombre hace que sus hijos y los hijos de sus hijos le estén sometidos, siendo capaz de destruirlos si se niegan a ello. La otra forma es por actos de guerra, para someter a sus enemigos a su voluntad, concediéndoles la vida a cambio de la sumisión, pues el objetivo del que vence no es la exterminación, sino la subyugación. Pero existe otro procedimiento: cuando los hombres se ponen de acuerdo entre sí para someterse a una persona, o bien a una asamblea de manera voluntaria.

También son los aspectos sucesorios los que crean las formas de gobierno y no necesariamente cuando muere el tirano, sino también en las formas

---

[19] Nancy Etcoff (2002), profesora e investigadora de la Facultad de Medicina de la Universidad de Harvard, habla de la sumisión de la sociedad o del ser humano respecto a las personas con mayor presencia física.

de gobierno democráticas cuando cae la asamblea, lo cual puede suceder en cualquier época, sobre todo en condiciones de guerra. Durante dicho proceso se da normalmente una confusión en las tiranías de los muchos, en la que participan todos contra todos, a diferencia de lo que sucede en la monarquía de tiranía, donde el monarca presente se da él mismo su derecho para disponer de la sucesión.

Es difícil aceptar o discernirlo de esa manera, pero no siempre es el dominio sobre lo vencido, sino también es la aceptación o el pacto de obediencia que se hace entre el amo y el esclavo. Lo anterior coincide con lo expuesto por Etienne de la Bóetie, quien señaló en su momento, sobre la servidumbre voluntaria Y si es así, ¿cuál es el papel del tirano respecto al convencido —aquel que se vence por sí mismo?—. Aquí, finalmente, no hay diferencia pues, como ya se señaló anteriormente, el objetivo del vencedor está en no exterminar al contrario sino subyugarlo, pues el mando despótico infiere *el* "uno" que manda y el otro que obedece convencido de que así debe ser.[20] Sin duda, dichos planteamientos ya habían sido tratados por Aristóteles con anterioridad.

Bajo esta forma de desgobierno de tiranía, la misma libertad se convierte en un poderoso instrumento de dominación; la liberación del esclavo depende de la conciencia de él, pero esa liberación se ve manipulada por el predominio de las necesidades y las propias satisfacciones del individuo dominado. Pero tampoco es la ignorancia como muchos pretenden creer, mas no saber.

Para el análisis del caso, es importante tomar de la obra de J. Lacan, *Escritos*, donde acotó: "La ignorancia en efecto no debe entenderse como una ausencia del saber, sino al igual que el amor y el odio, como una pasión del ser". Lo anterior obedece a que cuando al ser humano se le trata de explicar esa dialéctica, es difícil hacerlo entender que todo aquel que obedece por convicción lo hace por tener una forma de ser específica de conformismo y no porque no sepa leer o escribir.

La misma religión, a través de las Escrituras, enseña acerca de ese extremo de esclavitud, pues basta con hojear los ejemplos que observa Hobbes

---

[20] Jacques Lacan (1979) habla de las condiciones del Amo y el Esclavo, de sus condiciones como una función sintética del yo. Es importante, conocer la naturaleza humana debido a que no todos los seres humanos aceptan que exista dicha dialéctica entre el que manda y el que obedece. Sin embargo, la corriente sicoanalista podría liar luz al respecto, para entender un poco más sobre el tema.

respecto a la Biblia, para entender el porqué de esa dialéctica entre los que mandan y los que obedecen a través de las creencias. Dice, por ejemplo:

> Éste será el derecho del rey que deseáis ver reinando sobre vosotros. El tomará vuestros hijos, y los hará guiar sus carros, y ser sus jinetes, y correr delante de sus carros; y recoger su cosecha; y tomará vuestras hijas para hacer perfumes, para ser cocineras y panaderas . . . Tomará vuestros servidores varones, y vuestras sirvientas doncellas y la flor de vuestra juventud, y la empleará en sus negocios. (p.167)

Éste es un párrafo tomado de Moisés en la Biblia, del cual se desprenden una serie de pasajes que indican la subyugación y la obediencia del esclavo, una explicación que los propulsores de la teoría clásica habían aclarado al situar al animal político en su dimensión exacta, después de haber estudiado la tiranía a cargo del desenfrenado gobierno plutocrático de la época. Se puede comprobar a través de la historia, respecto de dicha dialéctica de la esclavitud, donde al pensamiento religioso no le interesa mucho de dónde deriva, si es justo o injusto, finalmente sea en la antigüedad o en la contemporaneidad, que la servidumbre humana se explica en razón secular de la injusticia social.

Aquí cabe recordar lo que sucedía en México dentro del gobierno tirano de Porfirio Díaz, apoyado por la oligarquía extranjera. En esa época, los hacendados se aprovechaban de la "Ley de Pernada," con cuya anuencia tomaban a las campesinas doncellas y se acostaban a fornicar con ellas una noche antes de la boda de estas jóvenes campesinas, sin que los representantes de la Iglesia de la época dijesen nada. No hay que olvidar que, para someter a una población, las creencias son fundamentales, sobre todo de índole religiosa, aunque no podemos dejar de analizar las tiranías democráticas modernas, las cuales, a partir de Carlos Marx, Hegel, Lenin y Plejánov hasta Fidel Castro, han defendido la idea de que "la religión es el opio de la humanidad". Sin embargo, para sujetar la voluntad del pueblo en esas democracias, también es necesario lograr mantenerlo arraigado bajo nuevas creencias materiales o de la misma ideología marxista, pero sin dejar de cuestionar todo el tiempo la existencia del Dios religioso, pues ello es elemento fundamental para entender su perversa existencia como parte del interés de ellos, los tiranos.

Tampoco está demás sugerir al lector la obra del mismo Antonio Gramsci (1975), *El materialismo histórico y la filosofía de B. Croce*, para tener otra visión teórica sobre los aspectos religiosos y la filosofía, como un orden intelectual. En este libro señaló que: "La religión es un elemento de sentido común disgregado. La filosofía y la crítica son la superación de la religión y en el sentido común; en ese aspecto, coinciden con el buen sentido que se contrapone al sentido común".[21] Parafraseándolo, lo que se busca es entender a la religión desde una visión laica y no en el sentido dogmático como un acto de fe, donde se conjuga el aspecto ideológico.

En lo que toca al análisis de las democracias o gobiernos socialistas, de todos es conocido que cuando esa forma de gobierno es perversa y, aunque simula que se gobierna para la mayoría, el pueblo descubrirá finalmente que no es así. Entonces los sometidos, guiados por esas clases sociales que no fueron tomadas en cuenta, se rebelarán y lograran la nueva mudanza o transición en ese Estado.

Aristóteles afirmó que, desde su nacimiento, todas las cosas están señaladas para tener un orden, en donde unos disponen y otros se aprestan a realizarlo. Es una diarquía entre el que manda y el que obedece, una dialéctica que obedece tanto en el reino animal como en el vegetal e, incluso, en el mineral, aunque, en el caso del hombre, existe una gran heterogeneidad entre formas de ordenar y de todas aquellas maneras de obedecer. La posición aristotélica es más directa, no necesita apoyarse en dislates, va directo y explica que el hombre prefiere vivir bajo relaciones de dominio.

Aún a pesar de que existe toda una teoría aportada por el propio Aristóteles sobre la relación amo-esclavo, sigue dándose el rechazo, pero no la explicación contraria. Los escritos contemporáneos suenan más a prejuicio, a la condenación de tal teoría, que a un intento de ubicar el tema en su justa o injusta dimensión. Es casi más que imposible seguir comentando sobre esta dialéctica en una globalidad apropiada por regímenes capitalistas, cuya manipulación ideológica está en manos de los mismos.

Al menos en las sucesivas transiciones políticas intestinas que originaron las revoluciones oligarcas del mundo moderno, desde la primera, la inglesa, en 1642, hasta la francesa en 1789, se manejaron las ideas o términos descriptivos, sobre la igualdad, la libertad y la fraternidad del ser humano.

---

[21] El libro habla de que es la Iglesia Católica la que más enérgicamente busca la unión doctrinaria entre ricos y pobres. Cramsci señala que esa misma religión evita la separación entre el estrato intelectual superior y la iglesia de los inferiores, la de las almas simples.

Ahora bien, al respecto se puede decir que se nacerá igual pero dudo mucho que todos en las mismas condiciones, pues siempre la pirámide política, económica y social seguirá determinando la vida de aquellos desiguales.

Sin embargo, es demasiado riesgoso tocar este tema, pues quererlo explicar implica, según algunos inconscientes, tomar partido a favor o en contra de la tiranía y, por tanto, de la esclavitud. No está demás señalar que, en su tiempo como en la actualidad, el estagirita fue acusado precisamente de justificar el esclavismo, así como de estar al servicio de los poderosos.

Retornemos a la discusión que se centra en el poder de esencia despótica, en este caso sustentada en la monarquía tiránica aunque, como ya fue señalado, también pueden manifestarse en medio de las características de otro tipo de desgobierno, ya sea popular, o bien oligarca. Es el proceso de desobediencia y el quebrantamiento de los intereses del poder, en el cual descansa la esencia de ese tipo de Estado. Es el hecho de derivar de la oligarquía, donde la ganancia es su objetivo principal, es decir, hacer dinero del dinero; es pretender vivir con lujo, así como mantener un ejército en el cual confiar, para evitar que el pueblo se organice con la intención de eliminar esa forma de gobierno.

Los gobiernos de tiranía requieren de un especial y sistemático análisis, y no únicamente estudios teóricos superficiales. Citemos, por ejemplo, el régimen de terror de la época jacobina, el cual fue justificado por Robespierre para instaurar la primera república de ese país. En este caso, la pregunta es: ¿cuál fue el beneficio del momento respecto a la tiranía del monarca? Sin duda es la utilización arbitraria del poder, donde finalmente es lo que se juzga para lograr catalogarlo como un gobierno tiránico o despótico.

Lo anterior se podría explicar a través de los planteamientos del Dr. Patricio Marcos (1997), en su obra ¿*Qué es Democracia?*, en donde discierne lo siguiente:

> ¿En qué consiste aquello que distingue al rey del tirano? [. . .] la diferencia estriba, ni más ni menos que mientras el rey es un hombre político dotado de soberanía, es decir de autoridad política, el tirano resulta una adulteración de aquél, puesto que sólo cuenta con poder o dominio, un amo que encama la corrupción de lo más elevado de la autoridad política.

Aún dentro de estas tiranías, existen en su interior hombres macabros que se muerden los labios para después medir sus fuerzas y vengarse posteriormente. Tal es el caso de José Fouche, personaje que se enfrenta a Robespierre.

El primero, según su biógrafo Stefan Zweig, se hace invisible a los ojos del enemigo para, de manera subterránea, preparar una contraofensiva y sorprenderlo posteriormente. Astucia, audacia y riesgo se corren de manera constante en este tipo de estados.

Aristóteles, en su tratado *Politiká*, Libro Quinto, señaló que una de las maneras de destruir un gobierno tirano u otra forma de constitución perversa es desde afuera, cuando se comparte una frontera con un Estado más fuerte y éste cuenta con un tipo de gobierno opuesto pero, sobre todo, con deseos de derrumbarlo; de esa manera será evidente la corrupción o destrucción de esa forma de desgobierno. Otra manera de exterminarlo es desde adentro del mismo Estado, cuando los partícipes del poder entran en desacuerdo. Una más, es por la vía de la autodesligitimación del tirano, cuando éste declara ante su pueblo o grupos sus deseos de ya no detentar el poder.

Ahora bien, sobre la base de lo escrito por el estagirita, Nicolás Maquiavelo desarrolló dos modelos fundamentales de conquista y conservación del poder, el del gran turco, basado en la forma de gobierno asiática, la que contrapone al régimen de Francia del medioevo; ambos fueron creados para entender las formas de gobierno que se dieron en la Europa del siglo XIV. Es indispensable mencionar tales paradigmas teóricos, pues poseen rasgos universales a pesar de haberse construido con materiales de esa época.

Los modelos anteriores servirán para analizar cómo se realiza una alteración política de un gobierno a otro y, sobre todo, para hacer una analogía del modelo del gran turco en los casos de las formas de gobierno de tiranía. Es de vital importancia entender que cuando se conoce la manera de conquistar se sabrá la forma de conservar lo adquirido. Así, se puede decir que depende en gran parte del esfuerzo y de las herramientas utilizadas en alcanzar el objetivo saber si dicho poder será duradero, o bien, se perderá con facilidad. Será a partir de esa premisa teórica que se puede observar el aspecto político de la lucha por conquistar el poder.

Como ya fue señalado con anterioridad, las transiciones se dan por la fuerza o sin resistencia militar, en cuyo caso se gobierna de manera paulatina en forma contraria al principio político de la constitución establecida, hasta lograr un nuevo orden político, económico y administrativo.

Se debe recordar que, al expresar su paradigma del gran turco, el gran florentino basó su análisis en el estudio de Persia. Éste es un esquema donde la conquista del poder se fundamenta a través de hechos sangrientos y por medio de las armas. En este caso, concluye Maquiavelo, si bien la toma de poder se logró de manera violenta y ardua, su conservación será relativamente fácil. Esto se debe primordial mente a que la toma de poder es resultado de un largo proceso político y social y en numerosas ocasiones con la participación de las mayorías. Así, se pueden poner ejemplos que datan de la época moderna y contemporánea, como son las revoluciones mexicana, rusa, cubana e incluso los dos procesos en Nicaragua, entre otros más.

En el modelo del gran turco, la estructura juega un papel importante para su conservación. Así, se puede observar que el tipo de autoridad debe ser omnímoda, la cual difícilmente puede compartir el poder con otros barones, sátrapas o grupos, dependiendo el prototipo de país.

Resulta oportuno poner el ejemplo del pueblo chileno, el cual vivió dos procesos acelerados y, por ello, traumáticos. En 1970 se realizó una elección que trajo como consecuencia un gobierno eminentemente democrático pues, de acuerdo al proyecto del presidente Salvador Allende, se trataba de arribar al socialismo, donde definitivamente se administraría únicamente para una clase, la de los pobres. Ello permitió que nuevamente la mayoría del pueblo chileno se manifestara de manera total, al elegir un Congreso con un alto porcentaje de votos. Sin embargo, dicho triunfo fue efímero, pues la conformación de un gobierno democrático enfrentó numerosos intereses de grupo. Fue así como se precipitó el golpe de estado en 1973, cuyos militares, comandados por el general Augusto Pinochet, liquidaron esa forma de gobierno e instauraron un gobierno de tiranía, apoyado por la oligarquía local y externa, la cual duró hasta 1990.

El gobierno de Pinochet, asesorado por militares, así como personal angloamericano preparado en la Universidad de Chicago, conocido como los *Chicago Boys*, propusieron las bases para desarrollar, a través de la doctrina económica del liberalismo, la transformación radical de la forma de gobierno democrática e implantar uno de esencia oligarca. De esa manera, se estimuló a la clase financiera, industrial, comercial y terrateniente y a la clase media, incluyendo a un buen número de intelectuales, mismos que habían sido desplazados en el gobierno anterior. Recuérdese que el objetivo del modelo de Salvador Allende era administrar un gobierno sin clases sociales.

Arturo Fontaine Talavera, en su trabajo "Tendencias hacia la globalización en Chile", señaló que:

> La modernización y la transformación de Chile fue en buena
> medida debido a la globalización previa en el mundo académico:
> las relaciones iniciadas en los años cincuenta entre economistas de

la Universidad Católica, la Universidad de Chile y la Universidad de Chicago. Ya que muchos de los titulados chilenos por Chicago han pasado a ocupar desde entonces puestos de gran relevancia en la gestión chilena.[22]

Sin duda, el costo beneficio de tales acontecimientos sólo los propios chilenos lo podrán señalar en su momento, cuya historia los tendrá que condenar, o bien absolver. Por lo pronto, el éxito chileno que expresan actualmente sus investigadores queda pendiente para su análisis.

Indudablemente, otro ejemplo a considerar a través de estos paradigmas es México a finales del siglo XIX. El triunfo logrado difícilmente a través de las armas fue un hecho que le concedió a Porfirio Díaz gozar de un poder político y militar propio y su poder unipersonal e indivisible le dio un enorme vigor y estabilidad ante la población.

Sin embargo, la trasgresión a las reglas de este tipo de conquista precipitó la transición política y, por tanto, la caída de ese gobierno cimentado en las armas. Así fue como el general Díaz inició su destrucción, misma que se llevó de adentro hacia fuera a través de la autodeslegitimación.

Es un hecho que la entrevista Díaz-Creelman reveló la inminente destrucción del modelo porfirista. En efecto, el anuncio del propio general, consistente en hacer de México un país más democrático, moderno y participativo, dio el toque para el desencadenamiento de la tormenta hacia su desaparición.[23]

Esta reflexión revela un suicidio político donde la autodeslegitimación del poder supremo estuvo presente. Un dominio que había perdurado por largo tiempo se destruyó desde el interior; fue una monarquía de carácter tirano, apoyada por la oligarquía extranjera, la que entró en crisis para

---

[22]   Berger & Huntington (2002). En esta obra escriben varios investigadores representando a su país: en este caso, Arturo Fontaine Talavera, como parte de esa corriente angloamericana, desarrolla su análisis sobre esa base. Por ello jamás habla de esa Transición donde el pueblo chileno sufrió el empuje fascista o tirano, apoyado por el mundo occidental.

[23]   En marzo de 1908 apareció la declaración de Díaz, hecha a un periodista norteamericano de la revista *The Pearson Magazine*, de Nueva York, que a la letra dice: "Puedo decir sinceramente que el cargo no ha corrompido mis ideas políticas y creo que la democracia es posible [. . .] puedo abandonar la presidencia de México sin menor pena". Tomado de Rabasa, Emilio, *La evolución histórica de México*, p. 194.

precipitar los hechos en la transición política del país en ese momento. De esa forma termina la dictadura porfirista.

La otra manera de que el tirano pierda el poder es cuando permite que se formen grupos de presión que, aunque no gocen de autoridad política propia, sino derivada, llegan a entrar en desacuerdo, con el riesgo de que dicho gobierno termine. Son éstas las causas principales que llevan a las comunidades a atentar contra la tiranía. Finalmente, es el odio el que afecta a los tiranos, pero también es esa forma de gobernar despreciada por el pueblo, no exenta de irritación por lo lacerante del modelo político, lo que llega a motivar su caída.[24]

La misma conservación del poder por parte del tirano va de acuerdo con la cantidad de salvaguardas que administra el déspota al desempeñar su cargo. Es la opresión sistemática de toda manifestación social o individual en contra, e incluso, la represión de todo intento de reunión o formación de círculos de estudio o conferencias abiertas a la discusión; es un manejo de ojos y orejas que siempre están tratando de detectar enemigos del tirano.

Es justo citar nuevamente al autor de la época renacentista, Maquiavelo quien, en su obra máxima, *El Príncipe*, realiza un análisis sobre ese empeño por evitar el humor que sólo le gusta reprimir, el de los poderosos, en una gran mayoría, quienes lo único que piden es no ser oprimidos. Ello lleva un efecto contrario; el poder indigente solicita una mínima indispensable, olvidar la esclavitud que padece. Es claro entonces que no existe un gobierno real, sino un régimen unipersonal de violencia.

Es sano comentar que uno de los problemas que existe en torno al análisis de este gran florentino es pensar comúnmente que también él es un justificador del comportamiento del gobernador tirano, debido a que, como señala el éter jurídico, no se invoca la Razón de Estado, sino únicamente en favor o provecho del gobernante.

Una característica en este tipo de desgobiernos es que el tirano se hace rodear de extranjeros, ya sea en actos privados o públicos, puesto que siente que los ciudadanos de ese Estado lo desprecian, o bien, que le son hostiles,

---

[24]   Juan Jacobo Rousseau (1989), en *El contrato social*, escribe: "El más fuerte no lo es jamás bastante para ser siempre el amo y señor si no transforma su fuerza en derecho y la obediencia en deber". Asimismo, ese personaje tenebroso que fue Fouché, conocido como el duque de Otranto, es una lectura obligada para conocer los hilos de la intriga, así como el desfile de los hombres tiranos de la llamada Época del Terror.

mientras que sus huéspedes foráneos son aquellos que no tienen ningún pleito con él. Con todo, los únicos que lo rodean son los aduladores, pues es común que esta especie se encuentre siempre en buena estima en los gobiernos que se caracterizan como tiranías, pues estos lisonjeros se manejan y viven en una abyecta familiaridad con el señor, lo que significa una constante y abierta alabanza de actos.

Los tiranos, en efecto, son personajes que gozan siendo adulados; ese sentimiento hacia la lisonja es lo que hace que el déspota se muestre atraído hacia la inmoralidad. Dichos personajes mantienen un espíritu mezquino y es la comunidad la que sale perjudicada, pues ahí donde existe un gobierno tirano la familia y la sociedad se debilita. Por ello, el poder es vertical, unipersonal único e indivisible; es un modelo de poder vigoroso y fuerte pero, aun así, su ciclo político llega a terminar.

Una característica más del déspota es que siempre debe verse excepcionalmente celoso de las reglas y observancias religiosas; con ello, el pueblo se inclina menos a conspirar contra de él, por esperar el castigo divino nada éste o bien creer que es un aliado de Dios. El tirano lo sabe, pues no carece de astucia, juicio e inteligencia ya que, por muy desalmado que sea, es común que se refugie en la creencia de algo o alguien.

Por lo anterior, cuando el tirano busca sujetar la voluntad del pueblo, trata de mantenerlo bajo la creencia de que existe la providencia de Dios. En 1910, Porfirio Díaz asistió a una misa solemne, misma que se realizó en memoria de Pedro Montt, lo cual le dio un reconocimiento amplio en la alta sociedad de ese momento, así como en Sudamérica.

Recordamos también el ejemplo de Tacho Somoza quien, después de que fue gravemente herido por el poeta Rigoberto López Pérez, muere en un hospital norteamericano en Panamá. El cuerpo del tirano fue retornado después a Nicaragua, para ser sepultado con honores de Príncipe de la Iglesia, siendo éste un dictador que mantenía a su pueblo en constante estado de sitio. Asimismo, se puede recordar al mismo Pinochet, quien todos los domingos asistía a la iglesia y comulgaba, siempre rodeado de su familia y periodistas con la finalidad de salir en los principales diarios del país e incluso en las revistas internacionales.

De ahí la importancia que sigue existiendo entre Iglesia y Estado, donde, para el caso del gobierno tirano, por circunstancias ya discutidas, en este tipo de régimen se debe tratar de conservar, e incluso mejorar, la relación religiosa. Todo ello ayudará a no perjudicar al tirano en su estancia en el poder, no importa qué tipo de religión sea; de cualquier forma, es el eje donde se apoyan los gobiernos tiranos si no quieren ir a su ruina.

En la historia de los pueblos se sabe que los gobiernos tiranos también pueden lograr una mudanza política a otros tipos de tiranía. Es decir, se puede pasar de la tiranía monárquica a la tiranía democrática e incluso oligarca. La segunda resulta triunfante con la condición de que la muchedumbre tome el poder, con la promesa de los líderes de que lo harán en razón de esa clase, aún a costa de los demás sectores sociales.

Una de las características de la tiranía democrática, como bien se había ya comentado, los decretos votados por la asamblea son parecidos a las órdenes emanadas de las tiranías unipersonales, incluyendo a los demagogos que influyen en dichos gobiernos. En este tipo de Estado, el ejército estará conformado por el mismo pueblo, para asegurar los principios cualitativos y cuantitativos de la igualdad de trato para todos, convirtiéndose así en una tiranía para los desiguales.

En el mundo moderno, se puede hablar del ejemplo de la tiranía democrática dentro del bloque socialista que inicia con la llamada "Revolución de Octubre", donde, según Samuel H. Barón (1976), en su libro *Pleujánove, el padre del marxismo ruso*, el pueblo salió del despotismo unipersonal del zar, Alejandro II, quien por cierto realizó un amplio programa de reformas para la modernización de Rusia, siendo la principal la abolición de la servidumbre precisamente en 1861. Sin embargo, no fue más que una reforma calculada, pues el poder autocrático de la monarquía de tiranía lo dejaría intacto.[25]

Durante el ciclo político de la Rusia de 1917, el partido comunista reconoció que los obreros no fueron el apoyo decisivo para el triunfo de la revolución socialista, por la razón de que la clase obrera ya había conseguido sustanciales mejoras, entre ellas la jornada laboral de ocho horas. Aún así, éstos fueron alentados para ocupar fábricas y despojar a los propietarios de los medios de producción.

En definitiva, fueron los campesinos y la militancia partidista, sobre todo con la visión leninista, los puntales decisivos para lograr la transición sobre la base de las armas y, por tanto, de la violencia. Esto se debió, sobre todo, a que las otras corrientes materialistas basadas en el pensamiento de Marx que coincidieron en que el proletariado no podía asumir su papel

---

[25] El lema de los bolcheviques fue: "Paz, tierra y pan", que encontró amplio eco. No tenía nada que ver con el socialismo. Trotski afirmó que el partido bolchevique no hubiera triunfado sin el proyecto de Lenin, así como la insatisfacción del pueblo, aprovechada por los defensores del socialismo proletario.

histórico en el poder hasta en tanto no hubiese completado la organización burguesa de la sociedad, sobre todo con la finalidad de lograr el triunfo político a favor de una clase elegida, precisamente para darse a la tarea de crear una sociedad sin clases, a partir de la premisa de la igualdad democrática, la cual resultó un engaño.

De esa manera, la población rusa pasó de una tiranía unipersonal para entrar a las presiones tiranas por parte del Buró Comunista, sobre todo en la época de estalinismo, con las enormes purgas realizadas en el gobierno de la ex Unión Soviética. Estas formas de gobierno son conocidas actualmente como gobiernos obreros o "democracias populares", donde la represión bolchevique, hasta el terror estalinista, se dio a través del monopolio del poder de la Asamblea del Buró Político y del Partido Comunista, represión que fue justificada demagógicamente como la razón de la "fuerza socialista", o bien la tiranía de los muchos sobre la base de la igualdad.

Hasta el momento no hemos tocado la temporalidad de un gobierno, la duración de un proceso político. La hipótesis de que las transiciones políticas pueden prevenirse es un tema discutible, pues los acontecimientos sociales se desarrollan o se desencadenan sin poder prever su tendencia clara en estos procesos, pocas veces conscientes y, los más, manipulados por interés, ya sea de clase, grupo o unipersonales. Para no salimos del tema del mundo oriental, la propia transición pacífica conocida como *Perestroika* nos invita a pensar sobre el asunto.

Aristóteles asegura, respecto al tiempo, que siempre todo va de lo mejor a lo peor, por la degeneración natural de las cosas; el cambio y movimiento tienen por causa la generación y la corrupción, una dialéctica en donde la ley del nacimiento y la muerte están presentes por igual en los individuos, las sociedades y los Estados a través de los ciclos políticos.

Para continuar aclarando los casos de las tiranías oligarcas, donde son pocos los beneficiados que se organizan para asegurar el poder por largo tiempo, diremos que éstos comúnmente se preparan para apoyar, en su caso, la mayoría de las veces a sátrapas, quienes a través del soporte económico logran atenerse en el poder, desarrollando de manera paralela un ejército profesional y pretoriano que esté a las ordenes de los representantes del gran capital.

Un ejemplo atroz fue el fascismo exacerbado de Benito Mussolini en Italia, en donde convirtieron al rey en una figura decorativa para que Mussolini se convirtiese en dueño absoluto del poder despótico, mismo que conservó hasta 1943. Sin embargo, a pesar de que el fascismo se inició en Italia, el representante más cruel de este movimiento histórico apareció en Alemania con el austríaco Adolfo Hitler, cuyo fascismo también es ahora conocido como nacional socialismo o nazi, el cual buscó una opción importante para la oligarquía tradicional de ese país. De acuerdo con las categorías marxistas, esa forma de gobierno es conocida como "dictadura burguesa", en la cual el capital monopólico tuvo el predominio absoluto. Utilizando las categorías de la teoría clásica, ésta no fue otra cosa que una tiranía de los pocos, los oligarcas.

Una muestra más fue el proceso que sufrió España con la transición política del gobierno tiránico encabezado por Francisco Franco pues, tras la muerte de éste, los españoles entraron en un proceso interesante, a pesar de que se llevó por la vía pacífica por medio del sufragio. El ganador de ese momento fue un partido socialista, cuyos objetivos fueron totalmente contrarios a la forma de gobierno tiránica que había tenido ese país por más de cientos de años, una monarquía unas veces de realeza y las más tiranías.[26]

Quizá fue el referéndum la herramienta mágica que hizo que el cambio fuera consensuado y, por tanto, pacífico. De esa manera se llevó a cabo la reforma política en la cual los partidos políticos de ese país se legalizaron y jugaron un papel fundamental en la transición de un gobierno autoritario unipersonal a otro cuyas características actuales son de forma oligarca. Sin embargo, los propios españoles, incluidos sus estudiosos, lo señalan como un cambio democrático, lo cual tiene mucho que cuestionarse, pues las circunstancias sociales y políticas demuestran lo contrario. El cambio no fue un fenómeno unitario, sino que los países vecinos, el Mercomún europeo, tuvieron mucho que ver en dicha transición pacífica más no democrática, puesto que se encuentran precisamente en el torbellino de la globalización oligarca.

Podemos señalar que, si bien el proceso de transición es el intervalo de tiempo que se ubica entre la presencia de una forma de gobierno y otra, dicho proceso varía en su forma, pero no en su fondo. Si bien los gobiernos vecinos apoyaron la transición, ésta fue condicionada, pues nada es gratis, sobre todo en gobiernos donde la ganancia es el principio cualitativo.

---

[26] Francisco Colom González, investigador del Instituto de Filosofía del Consejo Superior de Investigaciones Científicas de Madrid, señala que el franquismo abrigaba monárquicos falangistas, tecnócratas, un cierto pluralismo; sin embargo, reconoce que era un gobierno tiránico y de carácter unipersonal. Ponencia en el IFE, 12/06/03.

Hasta aquí concluiríamos respecto al gobierno monárquico de tiranía, mismo que es una corrupción de lo mejor, el gobierno real, el cual tocaremos en el siguiente capítulo. El presente capítulo se podría concluir con una sentencia lapidaria sobre el tema de tiranía que se dio a conocer cuando Platón señaló que el tirano brota de esa raíz de protectores, que son los pueblos quienes los alimentan y hacen poderosos; en ese intento de mejorar, utilizan la transición política para escapar del yugo oligarca. Aquí también es necesario aclarar que las transiciones clásicas son eminentemente políticas pues, desafortunadamente, cada vez hay más investigaciones que confunden al "homo politicus" con el "homus económicus", sobre todo cuando los factores políticos son tergiversados con los meramente económicos, e incluso administrativos que, si bien posibilitan fuertes dinámicas del proceso de cambio, no son un factor determinante de éste, sintética del yo. Es importante, conocer la naturaleza humana debido a que no todos los seres humanos aceptan que exista dicha dialéctica entre el que manda y el que obedece. Sin embargo, la corriente sicoanalista podría dar luz al respecto, para entender un poco más sobre el tema.

El Dr. Patricio Marcos (2009), señala lo dicho por Hobbes sobre el hombre moderno:

> La sentencia del *Leviatán* según la cual aquél se convierte en lobo del hombre: homo homini lupus. En efecto, este profesor inglés de las universidades de Londres, Cambridge y Harvard, juzga la historia de la filosofía occidental como un comentario marginal a los escritos de Platón, el cual remite recurrentemente al origen de los temas discutidos en ellos, aunque sin alcanzar sus soluciones y belleza literaria. De hecho, la sentencia previamente citada del filósofo de Malmesbury, uno de los grandes teóricos del absolutismo en el Siglo XVII, corrobora el dicho de su paisano Whitehead, pues la sentencia hobbsiana es en realidad una paráfrasis de la metáfora platónica, ésa que califica de hombres-lobo a los tiranos de todos los tiempos. (p. 62)

MONARQUÍA

Como ya fue indicado, existe cierta animadversión de algunos investigadores contemporáneos hacia el análisis de la teoría clásica, principalmente la aristotélica. Considero que el rechazo se debe, sobre todo, a que se pretende innovar creando planteamientos novedosos, así como también a intereses teóricos y prácticos de carácter personal y de grupo, incluyendo las modas de pensamiento.

Con todo, dicha antipatía, de acuerdo al diagnóstico teórico, se inició en la Gran Bretaña, con la entronización del positivismo, y posteriormente con el funcionalismo, sobre todo el angloamericano, con resultados graves, pues se desvirtuó el análisis político de los problemas, adecuándolos teóricamente a favor de los intereses de los grupos que adoptaron tales filosofías.

Plutarco (1993), en su obra *Vidas paralelas,* con respecto a la incomprensión y lo difícil que resulta la teoría política aristotélica, señaló lo siguiente en su referencia hacia Alejandro, el gran conquistador e hijo de Filipo: Parece que Alejandro no sólo aprendió la ética y la política, sino que tomó también conocimientos de aquellas enseñanzas graves reservadas, a las que los filósofos llaman con nombres técnicos de acromáticas y epópticas, mismas que no son comunicadas a la muchedumbre (p. 216). Por todo lo anterior, no es gratis que cuando un joven preparatoriano estudia una licenciatura en ciencias políticas, el común de las personas le haga el siguiente comentario irónico: ¿estudias ciencias ocultas?

Lo cierto es que el estudio sobre el principio de autoridad no es cosa de las mayorías, requiere de una formación sólida.

No obstante el aparente ocaso de la teoría clásica, los autores griegos siguen vigentes y quizás más vivos que en su época, sobre todo por los procesos políticos que se viven hoy día. A pesar de que numerosos investigadores piensan actualmente que tienen la verdad absoluta, considero que no tienen el derecho de alterar ni de minimizar dicha teoría.

La fobia o, en su caso, el desconocimiento de Aristóteles, no es nueva, pues, según sus biógrafos, los desacuerdos hacia este personaje se dieron también en la época posterior a la desaparición de su alumno Alejandro Rey de Macedonia, al grado de que el estagirita tuvo que huir de Atenas seriamente amenazado, falleciendo en Eubea, lugar donde había nacido su madre.

Es común que los teóricos posmodernos confundan algunas formas de gobierno, sobre todo cuando únicamente han leído indirectamente a los clásicos de la Teoría Política; quizás es por ello que sólo retoman los elementos cuantitativos de la clasificación de las formas de gobierno, principalmente cuando se busca identificar a los distintos tipos de gobierno por la cantidad de miembros que la conforman.

Es un hecho que estos teóricos se han olvidado de tomar en consideración las características del principio político cualitativo con el que cuentan cada uno de estos tipos de gobierno. Por ejemplo, para el caso de la monarquía de realeza, el aspecto cualitativo es su carácter virtuoso, mientras que el honor y la liberalidad son característicos de la aristocracia; la libertad de acción, de la república; la ganancia y la corrupción de la liberalidad, de la oligarquía; finalmente, el libertinaje, así como la prodigalidad, de la democracia. Precisamente por tales confusiones o desconocimiento del comportamiento cualitativo es muy corriente encontrar tergiversados los modelos de gobierno.

Aristóteles (1982), en su obra *Política,* indicó: que el *reino* es el modo de gobernar más antiguo. La monarquía de realeza es la primera forma de gobierno que se desarrolló en las diferentes culturas del mundo. Justamente por lo anterior y de acuerdo a los especialistas, es fundamental retomar a los estudiosos de la Atenas antigua, una región geográfica que precisamente fue la cuna de la teoría política clásica. Sin duda, es aún una herencia académica sin la cual difícilmente se esclarecerían las formas de gobierno que siguen vigentes hasta nuestros días.

Los griegos analizaron las primeras constituciones de Atenas y Esparta quinientos años antes de nuestra era. Los autores clásicos son los creadores de toda una escuela de pensamiento de la cual han abrevado, como ya se ha acotado anteriormente, varias generaciones de investigadores sociales. Por lo anterior, utilizando las herramientas conceptuales, se analizarán en el presente trabajo otras culturas con la finalidad de obtener una visión amplia sobre el desarrollo de la humanidad y sus formas de organización política.

Plutarco hace mención de que en aquel tiempo rudo, cuando los hombres vivían esparcidos y derramados como bestias del campo, surgió el gran barón prudente y sabio, que los empezó a persuadir y guiar bajo su autoridad. Tulio también patentizó que este tipo de acciones que fueron comunes en todo el linaje humano, donde siempre hubo hombres con más bondad que otros, a los cuales los primeros debían amarlos y reverenciarlos ya que, por su avanzada edad y sabiduría, habrían de tenerlos por padre de todos.

Platón (1971), en su obra *La República,* Capítulo VII, escribió al respecto que toda comunidad de mujeres e hijos, parte de la agrupación total y que aspira a ser eminentemente bien gobernada, deberá tomar en cuenta en la guerra, en la paz o en el gobierno de realeza, a aquellos hombres que hayan acreditado su superioridad en la filosofía, en el combate, pero sobre todo en su comportamiento (279). Hablar de un individuo excelso en el gobierno significa que la constitución política de la cual proviene será la mejor, ya que las demás, por falta de esta característica, tendrán que ser defectuosas.

El gobierno de realeza cuenta con monarcas con un alto principio de virtud política para gobernar sensatamente a su pueblo y así estar siempre en razón de éste y sólo por accidente a favor de sí mismo. Así pues, un gobernante con esas características es alguien que rige los destinos de su pueblo o ciudad con inteligencia y objetividad, tanto de sus propias pasiones como de la de aquellos que lo rodean.

El modelo de gobierno de realeza se puede calificar en teoría como la constitución política más correcta, pues se considera benéfico que un gobierno se encuentre gobernando y administrando en provecho de todas las clases sociales. La máxima expresión de un gobierno regio es cuando el titular, que es la autoridad máxima, no abdica su misión de gobernar para todos, aún a costa de las presiones internas y externas.

Platón sentenció que todo lo que nace está sujeto a corrupción, por tanto este tipo de constitución de realeza, no durará eternamente, pero el gobierno que logra un basamento regio, siempre se encontrará por arriba de aquellas dinastías hereditarias que son reinos banales, sobre todo tiranos, democráticos y oligárquicos, donde por lo regular los bárbaros se encuentran al frente de éstos, gobiernos que son analizados en sus capítulos correspondientes.

Fray Juan de Torquemada (1975), gran estudioso de los autores clásicos, en su obra *Monarquía indiana,* manifestó el buen manejo de la teoría griega. En el documento plasmó una excelente investigación acerca de los toltecas, sobre todo el desarrollo de los primeros pobladores quienes, a pesar de que su historia se pierde en la noche de los tiempos, hubo cierta posibilidad de indagar sobre esa cultura y así dejar plasmado en su escrito quiénes fueron estos grandes artífices del México actual.

Ellos vagaron casi ciento cuatro años por la geografía del centro de nuestro país, según el fraile referido. La primera ciudad que fundaron fue Tula, misma que se encuentra aún en la parte noroeste de la Ciudad de México. Durante el periodo de esplendor de esta cultura, su gran desarrollo fue sustentado, las más de las veces, bajo la forma de gobierno monárquico de realeza.

El primer rey que tuvieron se llamó Chalchiuhtlanextzin, mismo que empezó a gobernar el año "chicote acatl". Posterior a éste le sucedieron varios monarcas más y casi al final de éste ciclo fue elegida la reina Xiuhtzaltzin, mujer que los guió por cuatro años.[27] Después de ella, arribó al reino Tolpiltzin; durante su reinado se destruyó la estructura política y social de esa comunidad.

El Fraile Torquemada (1975), respecto al ciclo político que vivió la cultura tolteca, reveló una sentencia fulminante, con gran esencia de pensamiento aristotélico, al exponer, "el porqué las cosas de la vida mortal todas tienen un fin, al estar sujetas a la corrupción, y asoladas por el tiempo que todo consume". Así, fue el fin de esta comunidad de toltecas que fue poco guerrera, dedicándose más al arte de labrar la piedra, el oro y las gemas preciosas que a la guerra.

Ahora bien, así como dentro del principio monárquico existen gobernantes virtuosos a quienes preocupa la educación de su pueblo, también germinan mandatarios tiranos, cuyo interés personal o de clase logra degradar la vida de un pueblo. De esa manera se marca la diferencia entre una forma tiránica y una regia. A pesar que el poder se concentra cuantitativamente en una persona, el principio político que persiguen

---

[27]   Miguel León-Portilla dice que Fray Juan de Torquemada es nombrado cronista de la Orden Franciscana; concluye la reedificación de la Iglesia de Santiago Tlatelolco, así como la conclusión del retablo interior del altar; asimismo, concluye su obra llamada *Monarquía indiana*. En febrero del mismo año empieza a gobernar la Real Audiencia. En 1627 muere en el convento de Santiago Tlatelolco. El pecado mayor de este fraile fue tener un hiriente también religioso, pero éste con instintos macabros, personaje tenebroso con el cual es confundido.

ambos es distinto pues, mientras que en la realeza existe la virtud de mando, en la tiranía es la perversión para el provecho personal o de grupo.

Así, por tal razón, es importante comentar que Torquemada, en ese mismo documento, acotó que hacia las partes del norte de México hubo otros pobladores llamados chichimecas (chichimecati), quienes fueron gobernados por reyes, en su mayoría belicosos, pero valerosos, mismos que siempre sostuvieron un reinado cuya tiranía obligaba a sus súbditos a estar en una guerra continua para conquistar y ganar tierras. Según el autor, el monarca Xolotl fue un personaje chichimeca que bien se podría comparar con Alejandro, el gran invencible de Asia, o bien con el romano Julio César. El caso es que este rey chichimeca fue un hombre valiente, gran conquistador pero codicioso, no solamente en conservar sus riquezas, sino en acrecentarlas.

De acuerdo a lo analizado teóricamente hasta aquí, bien se puede señalar que se trató de una "monarquía de realeza", en cuanto a los toltecas, pero también de una "monarquía de tiranía", respecto a la historia del pueblo chichimeca, sobre todo en la época de Xolotl, quien siempre vivió en recelo, sobresaltos y con zozobras, por cuidar que hubiere otros poseedores más antiguos que pudieran oponérseles, haciéndoles la guerra por quitarle el reino.

En todos los tiempos y espacios se puede comprobar la relación política entre los gobernantes y gobernados, sobre todo del comportamiento de ambos. La crónica que se hace sobre los tepanecas es ilustrativa. Al respecto, cuentan que cuando éstos perdieron a su rey, todos vencidos fuera de su comunidad, en los montes y hambrientos, realizaron un consejo entre ellos, en el cual determinaron entregarse al rey mexicano para que, como vasallos suyos, los rigieran y gobernasen, pero sobre todo los ampararan.

De esa manera, se puede asegurar que ambas formas de gobierno estuvieron presentes en las raíces de la cultura mexicana: la monarquía de realeza, así como la de tiranía. Habrá que seguir avanzando en la historia del país, sobre todo aprovechando los estudios sobresalientes, con la finalidad de realizar una interpretación correcta de nuestra realidad actual. Por lo demás, a medida que los acontecimientos se remontan en el pasado, más denso resulta el análisis de los contornos sociales.

Tulio, personaje que tiene un valor especial por su contenido literario, dijo que parecería que los atenienses tuvieron gran resplandor en la política, la filosofía, las ciencias naturales, el arte y los estudios sociales, entre otras más, aunque fueron en su principio rudísimos y tan bárbaros como otras culturas. No obstante, se puede asegurar a través de su historia que no nacieron más prácticos ni sabios que otros. Con lo anterior se comprueba que hay ejemplos en la era premoderna, moderna y posmoderna de la gran pasión de los hombres a partir de su rudeza militar, la ambición, la continua negociación política y las divergencias, entre otras más.

De acuerdo al paradigma o visión de los valores históricos que nos ocupa, se puede comprobar que las primeras comunidades tribales fueron gobernadas por los integrantes masculinos de mayor experiencia y edad, con excepciones como el caso de los toltecas, como los llamara Torquemada, donde una mujer fue monarca. Pero, por lo general, han sido varones los patriarcas del clan conocidos por los griegos como *basiléus,* que significa padre o rey, monarcas que gobernaron emporios de la vida civilizada. Lo anterior nos muestra una vez más que en los tiempos antiguos la autoridad paterna fue instaurada por la propia comunidad como fuente y origen de toda autoridad política. Asimismo, la enseñanza homérica se refirió a la existencia de una monarquía patriarcal que sobrevivió en Esparta.

En la jerarquía política, dentro de la cofradía existieron varios tipos de linajes, donde siempre había el de mayor abolengo, llamado *baseléutatos,* que significa: El rey que gobierna a la comunidad. Éste se situaba por encima de las demás jerarquías. Una autoridad colectiva, diría Duverger en 1962, del paterfamilia, del señor de señores, de quien guía la comunidad. Por ejemplo, en el gobierno de Esparta, en el siglo VII a. de C., el monarca patriarcal que rigió en los primeros tiempos fue debilitado por las primeras oligarquías, cuyas familias a través de dinastías ejercieron presión y lograron gran influjo en la composición de esa constitución política o Estado. Todo lo anterior dio como resultado la instauración de los primeros gobiernos despóticos estudiados en el primer capítulo.

Aristóteles afirmó, en sus escritos de *Política,* que el Estado es como una familia, pero mayor; se puede decir que la vida del Estado es la vida social de su comunidad que solapa los intereses de la propia familia, sobre todo dentro de su interrelación política, económica y cultural. Patricio Marcos hace una aclaración en cuanto al sentido histórico de la voz familia que prevalece hasta nuestros días y que ha quedado reducida al concepto de comunidad biológica y, sobretodo, elemental, compuesta por la unión del esposo, la esposa y los hijos al margen:

En efecto, la familia premoderna es una comunidad de carácter político antes que una unidad biológica. Se trata de una asociación humana, no necesariamente citadina, cuyo fin excede la sola procreación, ya que además de buscar la autosuficiencia tienen por fin conseguir una mejor calidad de vida. Por ello la familia antigua se compone de una muchedumbre de familias, agrupación semejante a la del daño tribu (Marcos, 1997, p. 50).

El gobierno de Atenas fue descrito y estudiado por Aristóteles, quien lo patentiza como una *monarquía,* modelo en el cual se puede también comprobar que la forma de gobierno nació de la jerarquía política monárquica de las familias, donde el de más alto rango fue el encargado de gobernar la constitución del pueblo.

En un gobierno de realeza, dicha autoridad política es soberana y en su defecto representó el mando tiránico del poder supremo; de cualquier manera, ambas formas de comportamiento pertenecen al gobierno de un solo hombre. Como se acotó en el primer capítulo, estos tipos de gobiernos pueden darse con características de realeza, donde el soberano siempre velará por sus gobernados, mientras que en el caso del tirano será al contrario.

En la constitución política ateniense, se explicó que éste fue un gobierno que se basó de manera natural en el gobierno de las familias; por tanto, posee un carácter de monarquía regia o mayestática, cifrada en la soberanía del rey.[28] Al menos ésas son las observaciones teóricas que preceden y explican todo un conocimiento histórico de los autores griegos y resumen esos principios políticos del Estado de Atenas. Tarn y Griffith, ambos historiadores, en el libro *La civilización helénica*, patentizaron que: "La expresión más elevada en la cultura helénica dentro de la monarquía de realeza era una diadema, banda de tela blanca alrededor de la cabeza; otras veces, los reyes concedían a otros, oficiales o actores, de llevar la púrpura real macedonia, de la que se sabe ahora que era de color violeta" (p. 45). La confusión de ambas formas de gobernar, realeza y tiranía, radica en que se usa la palabra monarquía para referirse a cualquiera de ellas. De ahí la necesidad de ser altamente reiterativos respecto al gobierno real, donde la misión y visión general del gobernante se conforman mediante los intereses del pueblo. En realidad, son dos formas de comportamiento cuyos monarcas se desenvuelven totalmente diferentes y contrarios. Aristóteles (1982), en su tratado de *Política,* en el Libro Primero, publicó lo siguiente:

> Toda ciudad es, como podemos ver, una especie de comunidad,
> y toda comunidad se ha formado teniendo como fin un
> determinado bien —ya que todas las acciones de la especie

---

[28]   Es justo aclarar que cuando se hable de constitución política no me estoy refiriendo a la Constitución de papel, como está constituida esa comunidad.

humana en su totalidad se hacen con la vista puesta en algo que
los hombres creen hacer un bien—. Es por tanto, evidente que
mientras las comunidades tienden algún bien, la comunidad
superior a todas incluye en sí a todas las demás. (p. 675)[29]

De acuerdo al estagirita, dentro del gobierno regio el monarca debe hacer
esto en un grado supremo por encima de todos y así aspirar al más alto de
todos los bienes. Aquellos que piensan que la naturaleza del jefe político,
del monarca, del jefe de familia o del señor de esclavos es la misma se
equivocan.

Se debe recordar que la aldea viene siendo la colonia de una familia o
linaje formada por los hijos e hijos de los hijos, de tal suerte que nuestras
ciudades fueron al principio núcleos sometidos al gobierno real. Cada
familia, en efecto, estaba gobernada de modo regio por el más anciano
de sus integrantes, de manera que es el primer gobierno de la comunidad
política, es una extensión natural del gobierno de las familias, mismo que
posee un carácter regio. Por ello es que la monarquía fue la primera forma
de gobierno que se dio en la humanidad, donde el "soberano" es aquel
que se encuentra por encima de todos los vicios o intereses pasionales.
Precisamente de ahí viene el concepto de soberanía, la cual recaía en esa
época en el rey, cuyo comportamiento históricamente fue de indistinto,
pero siempre dentro del ejercicio de la autoridad máxima.[30]

Por lo que se refiere al poder político y real, la diferencia sería ésta: si un
solo hombre está personalmente al frente de todos los asuntos del gobierno,
tenemos una monarquía real, pero si, por el contrario, de acuerdo con las

---

[29]   Se aclara que el término de comunidad es el género del que la sociedad concreta
llamaba poli- dudad o estado en una especie determinada. Aristóteles se refiere a la
comunidad *política,* es decir, a la polis.

[30]   Soberano, del latín *superanus,* sobre el año, según el *Diccionario de la Lengua Española*
(1993), p. 1340. Soberanía, cualidad del soberano, se fue degenerando después, de
acuerdo a las circunstancias.

herramientas de la teoría política, el individuo es un gobernante llevado por la ambición, tenemos un poder político de tiranía.[31]

El gobierno de realeza también es conocido como Estado mayestático, donde gobierna el hombre "más excelente de la comunidad". En virtud de la transformación que padece la autoridad soberana, se puede afirmar nuevamente que puede estar sujeta a corrupción. Existen estudios sobre estos linajes genealógicos llamados *gennetai,* o comunidades gentilicias, donde los atenienses se dieron su primera Constitución.

La historia de Roma, Estado que sabemos se fundó a un cuarto de siglo después de celebrada la primera olimpiada griega, aproximadamente en el año 750, en cuyos inicios los pobladores contaron con un gobierno regio y su primer rey fue el mítico gemelo de Remo, Rómulo, quien es sucedido por otros seis reyes más, los cuales gobernaron de forma vitalicia, a excepción del último, que fue expulsado por la aristocracia.

De acuerdo a Cicerón, en su Tratado de *La República,* la duración de la primitiva realeza romana se prolongó durante dos siglos y medio, hasta que la autoridad real fue remplazada de modo definitivo por el Consejo de Ancianos o Senado, hacia los inicios del siglo IV. Sin embargo, los historiadores señalaron que la transición política de la monarquía a la república se dio de manera pacífica, sin graves tensiones políticas y sociales internas que fueron aprovechadas por los gobiernos vecinos con el riesgo, incluso, de la desaparición física de Roma.

Pero volvamos al gobierno paterfamiliar analizado por los griegos, cuya relación existió entre la cabeza de esa constitución y los esclavos; estos últimos contribuyeron para asegurar a la comunidad un gobierno con una vida autosuficiente y capaz del ocio educativo y, en general, con acciones libres, nobles y magníficas, siempre a través del ahorro de labores serviles o corporales que, de haber sido atendidas por el conjunto de familias, no se hubiera logrado el fin último: la felicidad de éstos.

Por otro lado, también la historia nos puede comprobar cómo la monarquía manejó las creencias dentro del pueblo, sustentándolas en un modelo religioso, el cual también influyó para que se diera el carácter

---

[31] Para Aristóteles (1982), la diferencia entre un gobierno real o regio y una forma de gobierno constitucional y legal, de ciudadanos libres no está en la unicidad o pluralidad de los gobernantes, ni siquiera en el carácter vitalicio o temporal y alternante de los mismos, sino en una razón más profunda: el rey no es igual a sus súbditos; difiere de ellos por naturaleza, cosa que no se da en otras formas de gobierno (p. 676).

sagrado del monarca, un tipo de divinidad viva en donde hasta el color de la sangre se veía diferente. La expresión misma que llega hasta nuestros días es de sangre *azul* no es casualidad. La misma legitimidad del monarca se fundó en la pureza de la sangre; los matrimonios entre hermanos y primos en algunas culturas llegaron al extremo, con la finalidad de que la autoridad real estuviera siempre dentro de la familia.

Aún así, el gobierno monárquico de realeza, de acuerdo a los estudiosos clásicos, es una de las constituciones correctas, donde un solo hombre, como jefe político, se encuentra al frente de todos los asuntos políticos, económicos y sociales, pero cuyo comportamiento debe estar eminentemente siempre reflejándose en sus decisiones al frente de los asuntos del Estado. La virtud del hombre se encuentra en la capacidad de realizar bien sus funciones pero, sobre todo, de lograr su objetivo, cualquiera que éste sea.[32]

Sin embargo, desde el inicio de la reflexión se expuso el problema a resolver por parte del ser humano respecto a la dialéctica del amo y el esclavo. En este sentido, Platón (1998) cita a Sócrates en "La República o de lo Justo" y afirma lo siguiente: Existen hombres que prefieren la injusticia a la justicia. No obstante, al hablar sobre el mundo de los justos, Hornero se expresó de esta manera:

> Un rey eximio y temeroso de los dioses, que impera sobre muchos y esforzados hombres, hace que triunfe la justicia, y al amparo de su buen gobierno la negra tierra produce trigo y cebada, los árboles se cargan de fruta, las ovejas paren hijuelos robustos, el mar peces, y son dichosos los pueblos que le están sometidos. (p. 458)[33]

Pero tampoco está de más comentar que Aristóteles, en el Libro Quinto de la *Etica Nicomaquea,* hizo un estudio a fondo sobre los términos de

---

[32]   Aristóteles realiza un tratado completo sobre la palabra virtud. Si se analiza el párrafo de donde proviene la cita, este podría coincidir con el concepto de virtud de Maquiavelo que señala que la virtud del príncipe es lograr el poder. Finalmente, la virtud es una elección deliberada, aunque el estagirita siempre hace énfasis en la virtud del hombre prudente.

[33]   Hay que recordar que en este libro, Platón justifica la forma de gobierno democrática, a partir de la justicia del Estado, en donde la felicidad no se encuentre en razón del pequeño número de particulares.

justicia e injusticia. Sin duda, es éste un trabajo dialéctico que parte de una investigación de campo sobre opiniones universales de los sabios de la época, principalmente de Platón. Finalmente, el estagirita tomó la justicia de la siguiente manera: "El hombre injusto parece ser aquel que obra contra la ley, es el que toma más de lo que se le debe y, finalmente el que falta a la equidad. Por el contrario el justo es el que vive conforme a la ley y a la equidad."

Dentro de un gobierno regio no tienen cabida las desviaciones de la injusticia, pues la mayor parte del beneficio será para la comunidad. En realidad, el monarca ha sido instituido por superioridad, tanto en sus méritos como sus virtudes, o bien, como describió Ludovico Settala (1988), por razones de familia de donde proceden o los beneficios dispensados o por dispensar (p. 196). Settala habla sobre Patricio Milanés, nacido en 1555, autor instruido que desarrolló una investigación a fondo de los textos políticos clásicos. Su cabal comprensión fue sin duda un gran influjo para continuar su obra, sobre todo por parte de la cultura política moderna, principalmente de los seguidores de la visión jurista típica, conocida como la *ragione di Stato.*

De acuerdo a la teoría política clásica, la autoridad del monarca radica en el afecto y respeto que le tenga su pueblo; por tanto, deberá manejarse siempre sobre la base de la virtud de mando y, como ya se señaló, siempre gobernará en beneficio de los gobernados. El gobernante de realeza debe mostrar templanza, valentía y virtudes morales, sobre todo aptitudes, todas éstas, que son parte del reconocimiento a la autoridad del soberano, que lleva como consecuencia la legitimación de esa forma regia de gobierno. La misma sucesión del nuevo rey se encuentra en la decisión que tome él mismo en el momento en que tenga que escoger entre los príncipes al mejor.

Antes de continuar, recordemos el principio de autoridad, el cual es un fenómeno humano por excelencia, sobre todo en su relación entre el que manda y el que obedece. Por lo demás, cabe reiterar que se podrá hablar de poder, pero no de autoridad, pues esta última es el principio responsable de que los ciudadanos lleven la vida que llevan.[34] Cuando existen todas estas condiciones suficientes y necesarias para que un pueblo viva feliz, la

---

[34]   El objeto de estudio de la ciencia política es la autoridad llamada a gobernar al conjunto de los conocimientos humanos.

autoridad máxima del lugar empieza a ser reconocido como el padre de esa comunidad.

Es justo comentar el complejo edificio de la ciencia y arte de la autoridad, pues se puede perder de vista el saber de la teoría política, sobre todo cuando se realiza el análisis de las salvaguardas constitucionales que prevén las amenazas externas e internas del Estado, mismas que nada tienen que ver con la corriente jurídica de la Razón de Estado, cuyo fin último es particularmente la seguridad.

Pero tampoco se deberá aceptar que pase desapercibido el análisis sobre la autoridad. En la ciencia política contemporánea, principalmente la estudiada en la escuela de pensamiento de Harvard, cuyo basamento teórico funcionalista está dirigido únicamente a una parte del Estado y no al todo, se deja de lado el análisis histórico y dialéctico entre los que mandan y aquellos a quienes toca obedecer, con lo cual podría darse, como dirían los clásicos, un esquema meramente sofístico.

Conviene a esta altura del documento definir la dialéctica, la cual, según Aristóteles (1982), en el libro Argumentos sofísticos, es:

> Un arte de razonar metódicamente, sobre la base de principios comunes, acerca de las cosas generalmente admitidas y las particulares, cuya naturaleza no se pretende demostrar, sino sólo otros aspectos opinables y probables; y cuyo campo de estudio no es definido, siendo solo definida su forma técnica -argüir a partir de lo que comúnmente se opina

Es importante ubicar y definir los aspectos dialécticos, por su constante aplicación dentro de este documento, sobre todo cuando se habla de la relación entre gobernantes y gobernados. Lo anterior es con la finalidad de aclarar las refutaciones sofísticas, mismas que define el estagirita como el arte de traficar con sabiduría falsa para enriquecerse y alzarse con la victoria.

Por otra parte, respecto a la autoridad paternal, en México existe un ejemplo en los años de 1936-1940; una gran parte de la población reconocía y nombraba al presidente Lázaro Cárdenas del Río como Tata, expresión indígena que tiene una connotación paterna. Asimismo, posterior a esa época en los libros de texto de nivel básico, se señalaba al Presidente de México como el padre de la patria, de ahí ese gran respeto que se le tenía en esa época a la figura presidencial en este país, la cual definitivamente en la actualidad perdió su brillo, con el riesgo incluso de exterminar a la institución presidencial, Sin duda, una diferencia que no pocos políticos e investigadores confunden, pues una cosa es el hombre y otra la institución.

Respecto al principio de autoridad, de acuerdo al análisis que se ha venido desarrollando y utilizando las herramientas teóricas clásicas, se puede realizar un diagnóstico de los gobiernos estatales mexicanos, sobre todo por las características análogas que existen en su carácter unipersonal, los aspectos jurídicos y sociales con los que se han manejado los gobernadores, cuyos comportamientos se ajustan a los principios políticos aquí expresados, pues éstos se encuentran inmersos en el esquema de gobernante y gobernados.

Algunos estudiosos ejemplifican la similitud entre el gobierno monárquico, ya sea de realeza o tiranía, con el régimen presidencial, donde incluso el Huey-Tlatoani de la primitiva sociedad azteca, tuvo su gobierno de realeza, el cual posteriormente fue pervertido, previa llegada a los conquistadores españoles. Sin embargo, me permito citar un pasaje del libro *Azteca*, de Gary Jennings (1991), donde se puede analizar un ejemplo del carácter monárquico del momento:

> El sacerdote dijo*:* Moctecuzoma Xocóyotzin, desde este día tu corazón debe ser como el de un viejo: solemne, serio y severo. Tienes que saber, mi señor, que el trono de un Uey-Tlatoani no está acojinado para yacer en él, en el ocio y el placer, sino para yacer en el sufrimiento, trabajo y preocupación.

Asimismo, en 1572, Michel de Montaigne (2006) escribió respecto al comportamiento de pueblo mexicano ante su monarca, lo siguiente:

> Los de México después de terminadas las ceremonias de la proclamación, no se atreven ya a mirar a la cara a su Soberano, como si le hubieran deificado con su realeza: entre los juramentos que le hacen proferir, a fin de que mantenga la religión, leyes y libertades, y de que es valiente, justo y bondadoso, jura también que hará al sol seguir su curso con la claridad acostumbrada, que las nubes se descargarán en tiempo oportuno, que los ríos seguirán su curso y que la tierra producirá todas las cosas su pueblo. (p. 259)

El arraigo al que hacía referencia Montaigne acerca de la creencia popular de que sólo un hombre tiene las suficientes capacidades para conducir al Estado es clave para entender la política seguida por México. No es casualidad que, a lo largo de su historia, se haya consolidado la forma de gobierno monárquica en sus dos formas, unas de realeza y las más de tiranía, pues dicha característica data desde los tiempos de los aztecas y la Colonia, pasa por la Independencia, la Reforma y persiste después del proceso revolucionario.

Tras este último movimiento social, quedaron plasmadas en la Carta Magna de 1917 las enormes facultades del Ejecutivo, con la modalidad de que ahora se encontrarían dentro de la institución presidencial y estarían por encima de los poderes Legislativo y Judicial, consagrados sobre la base de un Régimen Presidencial. La insistencia de algunos científicos sociales en transitar a un régimen parlamentario es desconocer la esencia del pueblo mexicano, así como de su tipo de gobierno.

Sobre la premisa anterior, quizás me atreva a pensar que la misma figura física del ex presidente de la república, Vicente Fox, como parte de su campaña política para la presidencia, incrementada por el *marketing* político, le consiguió un gran número de votos. Una buena cantidad de ciudadanos vio en él a un hombre con más presencia, sobre todo después de la gran cantidad de tecnócratas que habían pasado por la institución presidencial, de las características de López Portillo, Miguel de la Madrid, así como de los jóvenes inexpertos Carlos Salinas y Zedillo, sin contar con la triste presencia de Cuauhtémoc Cárdenas y Francisco Labastida, ambos grises oponentes políticos del momento.

Aquel lector atento al estudio de la teoría política que hasta el momento ha digerido lo expuesto hasta aquí, se podrá dar cuenta de que el objeto de estudio de la Teoría Política es la presencia de la autoridad. Por tanto, una vez más, es importante reiterar que es la autoridad el principio responsable de que los integrantes de la comunidad humana sea lo que son y lleven la vida que llevan. El sabio Aristóteles demostró que, por ello, en la vida vegetal hay orden, pero no autoridad. Lo mismo ocurre en la vida animal no humana, donde la fuerza es la ley suprema, única que explica que un espécimen impere sobre sus semejantes.

De acuerdo al estagirita, el hombre, a pesar de formar parte de la especie animal, se distingue de ella por sus posibilidades políticas. Se trata de la definición clásica dada al ser humano: "zoon-politikon". Este término marca la diferencia de la bestia con el hombre político, donde se puede hablar de "poder", pero no de "autoridad". Por ello, los clásicos señalaron que la diferencia esencial entre la especie humana y las demás especies es el *lenguaje,* sin el cual ningún pensamiento es posible.

Dentro de la existencia de la autoridad entre los hombres, Bertrand Russell (1985) destacó en su extensa obra el tema del lenguaje, respecto al cual afirmó que las palabras existen para expresar pensamientos que, a su vez, tienen que ver con los objetos, que son lo que las palabras significan (p. 9). Por ello, es importante señalar los grandes méritos que tiene y propugna el concepto de autoridad.

Como ya se ha venido analizando, la autoridad es un fenómeno humano por excelencia, para demostrar una relación entre el que manda y el que obedece, entre el que gobierna y el que es gobernado. Se habla de un gobierno con virtud de mando. Para definir la virtud, el estagirita, en el Libro Segundo, Capítulo, de la *Ética Nicomaquea,* indicó que la virtud se puede ver de dos maneras, la intelectual y la moral, y demuestra que la virtud no es innata, sino que es una producción personal que exige la participación y el esfuerzo consciente del trato humano hacia los demás, de ahí la importancia del lenguaje. Al respecto acota:

> La razón por la que el hombre es un animal político en mayor grado que cualquier abeja o cualquier otro animal gregario es evidente. Pues la naturaleza, como decimos, no hace nada en vano, y sólo el hombre, entre los animales, posee la palabra; la voz, por su parte, solo sirve para significar la pena y el placer, motivo por el cual pertenece a los demás animales por igual (pues la naturaleza llega a esto, a saber a tener sensación de la pena y el placer y a significarse tal sensación unos a otros), mientras que la palabra, por su parte, sirve para expresar lo conveniente así como lo nocivo y, por lo mismo, también lo justo y lo injusto. (Aristóteles, 1982)[35]

En un intento por explicar el párrafo antes escrito se puede decir que la voz significa exclusivamente el sonido común al hombre y a ciertos animales, mientras que en el género de la especie humana la palabra es la voz articulada propia de éste. Son las palabras las que expresan las ideas, el sentir y los deseos del ser humano. En términos generales, puede afirmarse que el saber

---

[35] Los sentimientos de carácter ético y las nociones morales que se mencionan carecen de sentido fuera de la vida social, ya que se refieren primordialmente a las relaciones del hombre con sus semejantes. El concepto de Naturaleza de Aristóteles se tendrá que aclarar en su momento.

político es sinónimo de soberanía individual o de autoridad, que concierne al término de *mansedumbre* aristotélico, y que es de carácter opuesto al individuo irascible, así como aquel que carece de sentimientos.

Así, se puede decir que, así como el hombre que ha logrado su perfección es el mejor de los animales, también es el peor de todos, aquel que está separado de la ley y la justicia. En la monarquía regia, el gobernante debe contar con una virtud de mando, porque el hombre sin virtud es el ser más impío y más salvaje y el peor de todos; un individuo con éstas características estará del lado de la tiranía.

Por lo anterior, la justicia del gobernante virtuoso es esencial en el Estado, porque la administración de la justicia es el orden de la comunidad política y la justicia es la discriminación de lo justo. Es pretender que el superior en virtud de mando tiene derecho a gobernar y a ser señor, aunque en la actualidad existen más países donde la ciudadanía prefiere adherirse a algún principio de justicia escrita que a la del hombre.

Las condiciones suficientes y necesarias para que un pueblo viva feliz se presentan cuando la autoridad máxima, que en este caso es el rey, empieza a ser reconocido como el padre de esa comunidad. Existe un ejemplo más en el caso español, dentro del reinado de Carlos III pues, según sus biógrafos, el glorioso historial del rey lo hacía merecedor de este título de "padre de sus súbditos", por la gran dedicación a satisfacer los objetivos del bienestar común de los iberos, ya que fue un hombre honesto y buen religioso.

El notable monarca Carlos ni es reconocido por el gran cambio definitivo que realizó al educar a su pueblo en las ciencias útiles, con el objetivo de beneficiar a la comunidad en los aspectos de la agricultura y la economía política, entre otros. A causa del oscurantismo de sus antecesores, ese país se encontraba en un gran atraso comparado con la Gran Bretaña, Holanda, Francia e Italia, entre otros más.

En nada podría parecerse al gobierno de su hijo Carlos IV, monarca que, por el contrario, fue identificado por su pueblo como un tirano con un comportamiento nada ejemplar. Éste se dedicó más a la buena vida, dejando que su consejero favorito, Manuel Godoy, atendiera los negocios públicos y privados del rey, pues, según la historia, también atendió las tareas íntimas de la esposa de éste, haciendo del monarca un cornudo, una imagen que el pueblo español no pudo perdonar.[36]

---

[36] El autor consulta a la obra de Gaspar de Jovellanos, escritos de 1809.

Pero dentro de los eslabones de las formas clásicas de gobierno se encuentra la monarquía en sus dos acepciones, la regia y la tirana; después la aristocracia y finalmente la república. Son estas formas de gobierno que los diferentes pueblos y culturas han pasado, en una serie de mudanzas políticas ocurridas en ciclos que van desde la realeza hasta la república. De tal suerte, recordemos que las desviaciones de las constituciones mencionadas son la tiranía, que corresponde a la realeza, y la oligarquía, un gobierno que mira por los intereses de los ricos y que corresponde a la aristocracia. Asimismo, está la democracia, un gobierno orientado a los intereses únicamente de los pobres y que corresponde al gobierno constitucional de la república, desde donde se administra para todas las clases sociales. Éstos son, sin duda, principios políticos extremos que se irán aclarando dentro del propio texto.

En el mundo moderno la sucesión de estos eslabones de los ciclos políticos bien se puede estudiar en el caso de Inglaterra y Francia, cuyos los ciclos políticos son semejantes al de Roma, donde se dieron gobiernos de realeza, aristocracia o nobleza, república, tiranía y oligarquía, faltándoles todavía su transición a la democracia. Precisamente, según los datos históricos, las mudanzas que llegaron a tener los gobiernos soberanos a la aristocracia ocurrieron cuando el rey se apartó de la prudencia política. El problema actual es ese reduccionismo teórico que existe y que sostiene que son dos, y solamente dos, las formas de comportamiento o modelos de los países contemporáneos "capitalistas" o "socialistas", una dualidad que hace que se minimice el comportamiento de toda autoridad; o son buenos o malos, como si no existieran más opciones o formas de gobierno.

Veamos de manera rápida el caso de la Gran Bretaña, donde se dieron monarquías de realeza hasta antes del siglo XIII. Tal vez sea necesario señalar que Alfredo el Grande, hijo del rey Aethelwulf, fue un rey casi legendario y que fue educado en el fragor de los combates con los daneses. Decían de él que tenía la energía de los de salud quebradiza que quieren ser fuertes. Alfredo se distinguió en la lucha contra el danés; el Witan lo eligió rey y, después de sus primeros fracasos en la lucha contra los invasores, se refugió en la Isla de Athelney.

Sin la tenacidad de este hombre el destino de Inglaterra no hubiera sido el mismo; transformó el ejército, la justicia y la educación; creó una flota, fortificó ciudades y fundó grandes escuelas para los hijos de los nobles y de los hombres libres y ricos. Tradujo, él mismo, varias obras del latín, para poner la cultura al alcance de todos y de su reinado proceden las primeras crónicas anglosajonas, en las que, a partir de entonces, quedaron reflejados los principales acontecimientos del reino.

Logró liberar Wessex, Sussex y Kent, al oeste del río Lee, gracias a la firma del tratado de Wedmore, tras la derrota danesa de Edington, en el año 878. Sus sucesores conquistaron Marcia y Northumbria, incluido el rey Athelstan en 925-940, quien volvió a ser rey de toda la Gran Bretaña. Durante el largo intervalo de paz se pudo reorganizar la cultura monástica, desmantelada por los daneses, lo que produjo un gradual desarrollo de sus tradiciones, influjo que se advierte hasta nuestros días.

Canuto convocó, en el año 1018, a una gran asamblea en la que concilio a ingleses y daneses, jurando respetar las leyes y tradiciones anglosajonas. Fue generoso con la iglesia y llegó a peregrinar a Roma. Convertido al cristianismo, se volvió tan piadoso que colocó la corona sobre el altar mayor de la catedral de Winchester para demostrar que Dios era el único rey.[37]

No obstante, cabe señalar aquí que no es igual ese gobierno regio, mismo que tiene la autoridad soberana depositada en manos de un sólo individuo, que aquel donde una porción de nobles se pone de acuerdo para que pueda ejercer un gobierno monárquico, siempre y cuando respete las tradiciones y la divinidad mayestática, a pesar de no corresponder a ésta. Fueron precisamente esos consejeros del rey, sobre todo ese *petit comité*, quienes, aprovechándose muchas veces de la confianza del monarca, lo llegaron a sustituir. Antes de tocar la forma de gobierno de aristocracia, es conveniente señalar cómo estos nobles avanzaron hacia la transformación de la monarquía de realeza.

Por ello, considero terminar con el ejemplo británico, en donde, al morir sin herederos Eduardo el Confesor en 1066, el Conde Harold de Wessex se apoderó del trono de Inglaterra, haciendo caso omiso de la promesa de Eduardo, quien se había de nombrar heredero de Guillermo, El Bastardo más tarde, El Conquistador, hijo de Roberto, duque de Normandía.

En 1079 perdió ante Felipe de Francia el Ducado de Normandía y el Maine. Así fijó sus derechos fiscales con la creación de un registro, el *Domesday Book,* que controlaba los derechos de sucesión y los traspasos de propiedades. Como el título de nobleza era inherente a la posesión territorial, casi todos los nobles eran normandos, aunque Guillermo y sus sucesores se cuidaron muy bien de que no tuvieran excesivo poder. Hizo desarmar las ciudades y construyó castillos en Londres, Winchester y otras importantes ciudades. En ellos acuarteló las tropas reales. Guillermo murió

---

[37] Primera y segunda parte de *La Historia de Inglaterra,* "De los normados a los Windsor", recuperado de www,mundofree.com/diomedes/inglaterra 1b.htm

en 1087, durante la batalla contra el rey de Francia Felipe, por la conquista de la ciudad de Nantes.

Enrique I, antes de subir al trono, tuvo que firmar una carta prometiendo respeto a los bienes de los nobles, así como a los de la iglesia, precedente histórico de la Carta Magna de Juan sin Tierra de 1215.

Ese fue el inicio de la decadencia de la autoridad real, que se vio agravada por las revueltas de los hijos de Enrique contra su padre y por los gastos de Ricardo Corazón de León en el periodo 1189-1199. La tercera Cruzada y las derrotas dieron como resultado final la concesión de la Carta Magna de 1215, que de nuevo ponía límites a la autoridad de la corona y creaba el Parlamento, aunque éste no quedara realmente organizado hasta 1265, cuando se incorporaron dos representantes por ciudad a fin de frenar el monopolio que detentaba en solitario la nobleza a través de la forma de gobierno de aristocracia.

Son estas transiciones políticas a través de las diferentes revoluciones de la Gran Bretaña las que confirman todo ese proceso de las formas de autoridad o gobierno, que van desde la autoridad tribal hasta el proceso transformador hacia la aristocracia, sin duda un régimen secular donde los mejores gobiernan. Cabe destacar asimismo la transición de la aristocracia al gobierno republicano, entre 1641 y 1679, mismo que se da dentro del proceso cuyas premisas se encuentran en la creación de instituciones parlamentarias hasta arribar al gobierno oligarca, el cual se analizará en el tema correspondiente.

Es de igual importancia mostrar el ejemplo de la monarquía de realeza que se da actualmente en el Estado Vaticano. Cari Bernstein y Marco Politi (1996), en el libro *Su Santidad* reseñan de manera excepcional los primeros cien días del pontificado de Karol Wojtyla, el Papa Juan Pablo, quien se convirtió en parte determinante de El Vaticano, dándole un orden al carácter administrativo que irritó a algunos miembros de la curia, ya que en ese momento existía una burocracia enquistada con arraigados intereses personales y de grupo.

En una entrevista que le hicieran, Kazimier Kakol, vocero del Papa, declaró en ese momento que antes de la llegada de Juan Pablo II, la toma de decisiones se hacía a través de un trabajo colegiado dentro del Vaticano. Incluso, tal vez ese clima parlamentario del Segundo Concilio desarrollado, en 1962-1965, donde los cardenales de esa iglesia abandonaron la forma monárquica, llevó a reaccionar a Wojtyla cuando llegó al papado, pues en virtud de ese tipo de organización administrativa se produjeron grandes cambios en la liturgia, pero también se afirmó una conciencia social y comprometida con los pobres, esa teología de la liberación, un modelo que acercó a muchos sacerdotes a la ideología revolucionaria-marxista. Esa falta de control hacia adentro se vio reflejada al exterior, desgastando de gran manera al Estado Vaticano.

Fueron esas feroces disputas entre las distintas órdenes eclesiásticas, mismas que formaban bloques hostiles, lo que llevó a reflexionar a muchos cardenales, entre ellos a Karol, que no se podía seguir por ese camino. Los cardenales se hallaban divididos; sin duda, había un clero en completos problemas a punto de llegar a una crisis, pues se debe recordar cuál era el escenario político del momento, caracterizado por una disminuida vocación hacia esa secta católica, teólogos rebeldes, la ideología comunista en ofensiva, dictaduras militares, el apoyo de movimientos guerrilleros y, sobre todo, el principio de autoridad cuestionado, sin duda, toda una atmósfera fatalista.

Lo cierto es que, al arribo de Wojtyla, según los datos históricos, éste tomó el mando unipersonal que se había perdido desde años atrás, algunas veces por la edad cronológica de los representantes máximos de ese Estado, pero las más, a causa de los intereses perversos de carácter oligárquico que estaban presentes. A tal grado llegó la corrupción, que el mismo Banco Ambrosiano en ese tiempo tuvo contactos abiertos con el cártel de Italia. La misma muerte del antecesor del actual Papa se dio, según datos, precisamente por los intereses y, sobre todo, ambiciones de los grupos de ese momento.

Las características del Papa Juan Pablo II, un hombre que fue apoyado desde que era arzobispo de Cracovia por el Opus Dei, una misteriosa organización laica católica conocida por muchos como la mafia santa. Hizo que el Papa Juan Pablo II, como Jefe de Gobierno y de Estado, realizara un control vertical y pusiera orden y ejecución sobre la base de una autoridad unipersonal, sin compartir con ningún grupo o personas el poder dentro de esa Iglesia. El mismo comportamiento del monarca del Vaticano llevó, en materia administrativa, a una identificación por el buen manejo de sus subordinados, así como al consenso generado de parte de éstos sobre la dirección recibida.

Sin duda, con Karol Wojtyla, el gobierno de realeza de carácter unipersonal se inclinó más a favor del beneficio para todos que del suyo propio e, incluso, del grupo que lo apoyó. Como ya ha sido indicado el hecho de que exista un solo dirigente no significa que ejerza el poder de manera autoritaria, sobre todo, sí éste tiene cualidades virtuosas, podrá gobernar, las más de las veces, a favor de todos.

El caso es que el Papa Juan Pablo II, al tomar el mando, terminó con la gran anarquía que se dio por algunos años dentro del Estado Vaticano a causa de los grandes intereses de los representantes de las diferentes órdenes religiosas: franciscanos, jesuitas y maristas, entre otras más. La política externa que llevó Wojtyla, sobre todo respecto de los movimientos sociales en el bloque socialista, América, África y Asia, ayudó en gran forma a sustentar su política interna, donde los distintos grupos de interés, por lo menos hasta el momento, se encuentran quietos.

En conclusión, después de haber señalado de manera teórica todos los posibles elementos cualitativos con los que cuenta la monarquía de *realeza* y de haber expuesto de manera histórica algunos de los ejemplos universales donde se dio esta forma de gobierno en su momento, podría afirmar, después de una reflexión seria que, en definitiva, este tipo de gobierno, dentro de un estado contemporáneo, podría estar bien dirigido, sobrentendido que la toma de decisiones no tendría desfases por ser lineal a favor de todas las clases sociales.

Espero que con este breve estudio quede claro que la realeza y la tiranía son dos vertientes de la forma de gobierno monárquica; es la autoridad de un solo hombre que pude ser ejercida, sea en beneficio de su pueblo, o bien en exclusiva ventaja del gobernante. Otra diferencia es que el monarca deja de serlo cuando sus súbditos ya no quieren; en cambio, el tirano, a pesar del rechazo, se aferra al poder.

> La vida real o regia es asequible mediante la conquista de la autarquía o gobierno de uno mismo, ejercida a través de la mejor consejera que exista, la prudencia, mayordoma de todas las riquezas humanas, la cual tiene a la gracia y la dulzura en tanto notas visibles de su autoridad. Le sigue la vida noble o aristocrática, cuyo rasgo destacado es el de cultivar la jerarquía que tienen los bienes del alma, desde los que se gobierna a los bienes del cuerpo y a los externos. Esta modalidad de vida está fincada en la dación magnánima y placentera de ellos, exenta de toda constipación de vientre. En el tercer lugar de esta escala viene la vida libre y justa o republicana, la última especie de las formas de humanas de existencia, la cual se centra todavía en el más justo de los criterios de justicia social, el trato igual a iguales y desigual a desiguales, en concordancia con los tres tipos de riqueza ya enlistados. (Marco, 2009, p. 83)

ARISTOCRACIA

Los ciclos políticos que van del gobierno soberano o regio al de las mejores familias suelen ocurrir por dos causas principales: cuando el rey se aparta de la prudencia política de gobernar siempre a favor de su comunidad o cuando las familias de un linaje más antiguo logran educar a un sucesor, cuya virtud política lo sitúe por encima de los más ancianos y virtuosos, como sucedió de manera constante durante el Medioevo europeo.

Pero también puede ocurrir que, en su momento, no todos los hombres de virtud y honor comprobados quisieran someterse al mando de la realeza. En este caso, se deberá descartar en definitiva esa lucha por el poder que hoy se estila tanto. Al menos por lo indagado en el tema, no se encontraron en esos vestigios los llamados golpes de estado. Para el caso, Aristóteles (1982) define la Aristocracia de la siguiente manera: "Nuestra manera habitual de designar el gobierno de uno solo o monárquico que tiende al bien común es *realeza*; para el gobierno formado por pocos, más de uno con todo, usamos el nombre de aristocracia" (p. 780).[38]

Así, al comprobarse la desviación del rey, o la inexistencia de un hombre excelsior como para ocupar solo la máxima magistratura del Estado, las pocas familias nobles decidieron tomar a su cargo las materias de deliberación política, disponiendo de las funciones anteriores del gobierno, a manera de ejercerlo de manera conjunta o colegiada. Se debe recordar que el aspecto central es que gobiernen por creer ser los mejores, o bien porque ellos piensan que tienen la mira en lo que es mejor para ese Estado y sus integrantes.

---

[38] Arista, superlativo de bueno.

Conviene señalar que el gobierno de la aristocracia, el de las familias nobles, es el que inaugura la igualdad en el ejercicio de la autoridad soberana del Estado, definiéndolo como ese todo compuesto por partes, donde las clases sociales se encuentran tomando parte activa de la comunidad. Por ello, aunque sea evidente, cabe recordar que la formación de una clase social compuesta por hombres nobles no puede realizarse sino durante la descomposición de los gobiernos regios, en virtud de que los ciudadanos de clase noble imitan con prudencia el principio político del gobierno regio.[39] Ésa es la explicación teórica de la causa del tránsito del gobierno o constitución real hacia la de los nobles o aristócratas.

Dentro del Medioevo, en el conocido antiguo régimen, las formas de gobierno aristocráticas fueron las que más se instauraron, aunque la mayoría de las veces, éstas fueron confundidas como monarquías de origen. Asimismo, como se verá en su momento en el nuevo régimen, en sus principios dicha alteración cayó más en la oligarquía estrecha, aunque algunos investigadores la nombran democracia burguesa.

Se puede señalar que los gobiernos regios, sobre todo en la Gran Bretaña, duraron aproximadamente hasta el siglo XIII; de ahí en adelante éstos fueron desplazados por la clase aristocrática, la cual implantó su principio político, basado principalmente en la posesión de tierras.

En efecto, se constituyeron gobiernos con el sustento aristocrático pero con formas monárquicas, en donde el rey pasó a ser una mera figura decorativa pero, a su vez, un mecanismo de legitimación. Fue así como desapareció el gobierno de un solo individuo para ser sustituido por el de unos cuantos personajes sobresalientes de la clase aristócrata.

Sin embargo, después de casi dos centurias, la aristocracia se vio envuelta en un conflicto eminentemente político, pero con un velo religioso. Fue durante la edad media cuando la incipiente oligarquía holandesa e inglesa inicio la marginación de la aristocracia de ese momento; después pasó a

---

[39] Al igual que la filosofía de Heráclito, el germen fundamental del modelo platónico se originó, a mi parecer, en esa sensación de que la sociedad y, en realidad, todas las cosas se hallan en incesante transformación: en efecto, nuestro filósofo resume su experiencia social exactamente del mismo modo que lo había hecho su antecesor. De acuerdo a esta ley que estamos analizando, todo cambio social significa corrupción, decadencia o degeneración. Los mismos griegos señalan que todo viene de lo mejor a lo peor.

toda Europa una aristocracia que se encontraba en decadencia por el afán de lujo y poder sin pretensiones de estimular las actividades productivas.

A partir de las grandes exploraciones geográficas del siglo XV y del movimiento de Reforma, se inició la destrucción de los principios monárquicos y aristocráticos. Justamente un siglo después, la extracción del oro y la plata en América y la iglesia calvinista reforzaron tal hecho, dando paso a la expresión capitalista y, por ende, al desarrollo ideológico del principio de la ganancia de carácter oligarca.

En particular, las religiones jugaron un papel importante durante ese proceso, ya que, por un lado, los católicos defendían los principios monárquicos y aristocráticos, mientras que, por el otro, los religiosos anglicanos simpatizaban con el principio republicano, pero principalmente con la doctrina económica liberal de carácter oligarca implantada por Inglaterra a través de la teoría de J. Locke.

Durante esta etapa histórica, el avance de las llamadas revoluciones burguesas se registró de manera interrumpida. Así, se verificaron importantes transiciones, como las de Holanda en 1547, que fue la primera; posteriormente se instauró en la Gran Bretaña, pasando después a Estados Unidos de América; más tarde retorna a Europa para que sea en Francia, en 1793, donde ocurre la revolución burguesa más sangrienta, al arrancar el poder a la monarquía.[40]

Como bien se sabe, el principio fundamental que presidió este largo proceso fue la obtención de la ganancia, que se inició a través del lucro económico, despertando la ambición en todas las formas, desde el capitalismo aventurero comercial y agrícola hasta las formas actuales de la economía globalizadora de carácter imperialista, cuyo principio oligárquico se apoderó del mundo actual.

La destrucción del principio monárquico y aristocrático por parte de las oligarquías nacientes no fue tan sencilla. La alteración de la constitución

---

[40] Los historiadores de la Revolución Francesa se han encargado de darle una importancia mayor que la misma holandesa e inglesa, e incluso todas las descripciones se concentran en ese país, incluso en la mayor parte de Latinoamérica, se pensó que fue la primera revolución burguesa; sin embargo, no es así. Al alumno universitario le recomendaría leer la biografía de Fouche, el genio tenebroso, escrito por Stefan Zweig. Este personaje, también conocido como Duque de Otranto, bien nos podría ubicar dentro de la historia francesa. Es un personaje que, al igual que Santa Anna en México, estuvo siempre presente en la esfera del poder de sus tiempos.

en cada país se llevó de manera diferente en cada región del mundo. Pero casi en todas partes ha sido necesario crear o modificar instituciones políticas para que los nuevos gremios pudieran tomar impulso comercial y financiero.

En la adecuación natural de un gobierno real a uno aristocrático la clase noble puede autoconfirmarse como hija directa y legítima del gobierno soberano. Parece hasta lógico y natural que, una vez llegado a su término el gobierno de los reyes, la sociedad cambie hacia el gobierno de los nobles y no a cualquier otro. La clase aristócrata se distingue por el principio del honor y la liberalidad en el uso de la riqueza; sin duda, es una cualidad en cuanto a equidad en el dar y recibir. Sin embargo, ese deseo de aparecer y su constante voluptividad crean el egoísmo de los muchos, por lo que se dan los cambios o ciclos políticos, la mayor de las veces por parte de la muchedumbre, pero también por los pocos, aunque con intereses exclusivamente plutocráticos.

Analizando las diferentes formas de gobierno, llegué a la misma conclusión que Jenofonte en su momento, en el sentido de que, entre tantas formas de constitución, la aristocracia, al igual que la república, es las que menos tiempo se ha conservado. Precisamente esta clase social de carácter aristocrático, por el manejo de su principio político del honor, se conduce con alto grado de honradez al gobernar y rechaza la corrupción. Sin embargo, como ya se acotó, estos tipos de gobiernos no son tan comunes ni tampoco perecederos. Esa prudencia civil del gobernante aristocrático es tal que, cuando éste se da cuenta que la comunidad se encuentra molesta por sus decisiones, renuncia al cargo político, pues antes de otra cosa está su prestigio y el de su linaje.

Durante el gobierno aristocrático se ejercen también las virtudes civiles, sobre todo porque este tipo de gobierno hace que las leyes se observen de manera escrupulosa, pues es común que las normas prohíban la ambición y la codicia y prive precisamente el concepto de liberalidad o equidad en todos los aspectos políticos, económicos y sociales.

Sin embargo, en el mayor de los ejemplos históricos, la aristocracia, al momento de remplazar a la monarquía, hizo que se debilitara de manera constante la idea teocrática. Así, sus representantes dejaron de tener a su favor la voluntad divina, iniciándose así el paso de las normas de carácter consuetudinario a las leyes escritas. De esa manera, al desterrarse la idea divina se secularizó la norma y ésta adquirió una paternidad humana hasta nuestros días.

Tampoco se puede pensar que el principio político aristocrático ha desaparecido completamente. Aún hay hombres y mujeres que se manejan bajo esa esencia y forma de comportamiento. ¿Quién no ha escuchado todavía expresar que su palabra de honor vale más que mil ofertas perversas? Este tipo de gente no necesita firmar papeles. Con su palabra basta, pues jamás podría traicionarla. Lo que se debe admitir es que, en plena posmodernidad, es más difícil que este tipo de clase social se reúna, pues resulta complicado que se encuentre concentrada en un mismo lugar con un mismo fin.

Es importante recordar las lecturas de Heráclito, quien dejó de lado la idea de que el mundo era como un edificio y más bien señaló que es un proceso constante y enorme. Decía: todo fluye y nada está en reposo. Asimismo, Heráclito fue el primero en dedicarse a resolver problemas ético-políticos. Él vivió un momento histórico de estos ciclos políticos, pues fue la época de la aristocracia griega, empezó a ceder terreno ante la muchedumbre.

Heráclito fue un heredero de la familia real de Efeso que defendió la causa de los aristócratas ante el embate de las armas; una transición política de carácter revolucionario y, por tanto, de carácter democrático. En un momento de enojo, cuando las masas trataron de expatriar aristócratas de esa ciudad, originado en el perverso principio de no aceptar la división de clases, señaló: "el populacho se llena el vientre como las bestias, sin comprender que los enfermos sociales es el populacho quien por nada se preocupa, ni aun con la pared con que se da en la cabeza."

La sentencia de Heráclito, ya desilusionado, fue que el orden social existente no dura eternamente. Tampoco su lucha en defensa de las leyes de su ciudad fue trascendental; todo ello resultó efímero y banal, dejando una gran impresión imborrable de su inteligencia y espíritu aristocrático. Con su teoría del cambio, no hace más que poner orden en la visión política y social. Todo fluye, declara. No es posible bañarse dos veces en el mismo río.

Dicha teoría del cambio es la fuente donde van a abrevar toda esa pléyade de maestros, como Platón, incluido su discípulo, el propio estagirita Aristóteles. Sin duda, ésta es una teoría que dura hasta nuestros días. Ese rompimiento de paradigmas por parte de Heráclito es decisivo; es un esquema que, por fortuna, no está peleado con la conceptualización de la teoría clásica, sino, por el contrario, es parte de la innovación del ser humano dedicado a lo social.

Luigi Valdés (2001), en su obra *Conocimiento es futuro*, escribió que: "se debe estar consciente de que cada cierto tiempo la sociedad se reestructura a sí misma por tanto cambia su visión del mundo, el caso es que modifica radicalmente su organización básica, su estructura social, su escala de valores" (p. 240). Rescatar el valor conceptual de la escuela clásica no es estar en contra de la teoría de la evolución, en la que el mundo es del que mejor se adapta a él, principalmente en un universo más interconectado y de gran velocidad. Sin embargo, de manera irónica, que no contradictoria, las pasiones del ser humano respecto a la dominación, la subyugación, la explotación, la guerra, la bondad y el amor, entre otras más, continúan sin cambios trascendentales.

Es sorprendente encontrar en escritos del año 500 antes de la era cristiana tantas y tan enriquecedoras teorías dignas de la contemporaneidad política. El hombre político enamorado de la guerra y del veredicto de la historia se cuenta entre muchas de las ideas de Heráclito, quien analizó en su momento la justicia que, sin duda, se ha convertido en parte importante del cuerpo principal de estudio de la ciencia política, la sociología y la filosofía misma.

De acuerdo a la indagación sobre la aristocracia, cuando ésta gobierna, los hombres que conducen los negocios del Estado escapan por su posición social a todas las necesidades; lo anterior se debe al principio político que los determina. Los aristócratas se encuentran más complacidos cuando ellos mismos se exigen ante sus gobernados, en virtud del manejo del honor y la gloria pero, sobre todo, de sentirse o colocarse ante el pueblo por encima de la multitud.

Se podrá señalar que en efecto, en sentido estricto, mientras que en la monarquía de realeza el rey es llamado soberano, puesto que él es la fuente de toda autoridad, en el caso de la aristocracia esta soberanía recae en la clase noble. En esa forma de gobierno la nobleza es la que, a través de una prerrogativa al gobernante, hace que éste administre los asuntos de índole política, económica, social e, incluso, hasta de la deliberación en materia de guerra.

La aristocracia comúnmente está siempre en la posición de conservar, más que de innovar o perfeccionar. Por ello, los aristócratas, cuando tienen el poder, no es que no vean los sufrimientos de los pobres; lo que sucede es que no saben resistir la miseria en su comunidad y de verdad sufren, pero finalmente los dejan a su suerte.

En los gobiernos de esencia aristocrática, pero con sustento monárquico, los ambiciosos comúnmente adulan el gusto natural con que lleva su administración el representante del gobierno, quien es uno más de ellos. Es muy común que un monarca que pertenece a esa clase realice grandes gastos, comprando más de lo que necesita. Estos elementos cotidianos nos llevan a la conclusión de que el príncipe soberano de carácter aristocrático lo puede dejar de ser, en caso de no continuar pactando con la nobleza. Por ello, en diversas ocasiones las aristocracias han caído en formas de gobierno oligarcas, precisamente por el vicio de los gobernantes de no repartir adecuadamente la riqueza pública; ése es precisamente el principio de liberalidad que los identifica.

En la modernidad, Jerusalén dio un ejemplo de un gobierno aristocrático, a partir de que distinguidas familias sefaradíes descendientes de los judíos españoles se integraron sobre la base del modelo de gobierno aristócrata. De este sector poco conocido se habla escasamente, pero es de central importancia en la sociedad actual. En una primera etapa, tras la expulsión de España, se estableció una aristocracia sefaradí en Safed, que desapareció con la decadencia de la ciudad. El deterioro económico, los terremotos, epidemias y los motines árabes fueron factores que incidieron en el traslado de dicha comunidad a Jerusalén.

Durante siglos, la mayor parte de la población de Jerusalén fue sefaradí. Por ejemplo, las familias Parnás y Meyuhas pueden remontar su genealogía al periodo inmediatamente posterior a la expulsión. Una buena parte de los sefaradíes de Jerusalén provinieron de los Balcanes, particularmente de las actuales Bulgaria, Turquía y Grecia; sobre todo desde los comienzos del siglo XIX hasta fines de la década de 1930.

¿Quiénes fueron exactamente estos aristócratas? Descienden de familias distinguidas. Sus antepasados fueron ricos banqueros, empresarios, comerciantes, rabinos y dirigentes de comunidades locales, ciudadanos muy respetados de círculos oficiales que no eran judíos relacionados con gobiernos extranjeros.

Esta generación de aristócratas sefaradíes europeizados conservó su identidad étnica peculiar, aún cuando muchos se integraron a la corriente central de la comunidad judía de Palestina anterior al Estado. Éstos se identificaron claramente con el movimiento sionista; contribuyeron al desarrollo del pueblo en los años previos al Estado; ayudaron a establecer nuevos barrios en su calidad de residentes veteranos y desempeñaron a menudo papeles dirigentes en la primera década del Estado de Israel.

Sin embargo, no transmitieron la rica herencia cultural que los enorgullecía a la generación que les siguió. El servicio comunitario estuvo fuertemente arraigado en su visión de mundo. Pudieron jactarse de una larga genealogía de rabinos y, gracias a ello, preservar sus fervientes tradiciones religiosas. De cara al exterior, llevaron una vida secular y moderna, pero en sus casas una actitud centrada en la familia y las tradiciones. Mientras que hasta fines del siglo XIX el liderazgo comunitario fue entendido como primordialmente religioso, en el siglo XX optaron por un liderazgo comunitario secular y cultural diferente, quizás por la actividad político-étnica o por la participación voluntaria en partidos políticos y entidades gubernamentales.

Estos aristócratas hablaban ladino, francés e inglés, además de hebreo. El ladino o judeoespañol era su lengua materna, el idioma en que les hablaban sus padres y el dominante entre todos los sefaradíes del *ishuv*. Hasta los árabes hacían negocios con ellos en ladino. El francés se estudiaba en la escuela de la Alliance Israélite Universelle en Jerusalén y era la lengua en que posteriormente cursaban estudios superiores en universidades francesas y otras instituciones académicas en el extranjero. El inglés era el idioma de quienes estudiaban Derecho o Economía en instituciones de Jerusalén o Londres, o en el American College de Beirut

Las dificultades económicas y las condiciones reinantes en el Imperio Otomano antes de la Primera Guerra Mundial produjeron una emigración de Eretz Israel. El empresario Joseph Navón fue a buscar prosperidad económica a Francia. La familia Amzalak dejó el país para que sus miembros no se convirtieran en ciudadanos otomanos.

Algunos miembros de esas familias retornaron a Fretz, Israel, tras la guerra, pero otros permanecieron dispersos por Europa y los Estados Unidos. Nisim Behar, fundador de la Alliance Israélite Universelle en Jerusalén, activo educador y hombre público, pasó sus últimos años en los Estados Unidos. Muchas familias sefaradíes de Jerusalén emigraron a Argentina y otros países de América Latina. Para la familia Cuenca, originaria de Salónica, la guerra resultó espantosamente trágica: de sus dieciocho descendientes, todos, menos uno, murieron de hambre.

No se puede negar que, en la Europa moderna, el estudio clásico de las formas de gobierno fue resucitado, lo mismo que en América pues, en términos generales, estas referencias indiscriminadas de categorías se cobijan con la expresión nuevo régimen. El mismo Hegel tomó del pensamiento de Heráclito para trasmitir todos los movimientos sociales de carácter histórico, hasta llegar a ser el intérprete de las revoluciones o transiciones políticas, como el caso de la francesa, solamente que, como ya señaló anteriormente, manejó vocablos diferentes. En lugar de ser oligarquías con velo democrático, para la sociología contemporánea son democracias burguesas.

Patricio Marcos (1997), para el caso mexicano, indica en *¿Qué es Democracia?* el ciclo vivido por la realeza indígena y la aristocracia, también aborigen, contada a partir del séptimo *tlatoani*. Se considera a la monarquía azteca como punto de partida, donde tenemos primero la desviación aristocrática desde el reinado de Tizoc, después de dos siglos de realeza. Posteriormente, a la forma de gobierno noble, que viene a superponerse por la conquista armada, la aristocrática, regencia española que dura tres largos siglos.

En el periodo que va de 1910 a 1913, México enfrenta dos tipos de revolución: una de característica oligarca rural y la otra democrática campesina; la primera abanderada por Francisco Madero y la segunda por Zapata y Villa, principios que fueron retomados en la Carta Magna de 1917. Sin embargo, más adelante, la Constitución es trastocada a finales de la década de los 40, fundamentalmente cuando Miguel Alemán Valdés elimina el principio democrático de la revolución y lo hace transitar a la plutocracia.

Por todo lo anteriormente indicado, puede concluirse en el presente apartado que la forma de gobierno de la aristocracia es literalmente el gobierno de los mejores, de aquellos que, por su feliz nacimiento, han podido recibir la educación perfecta.

Asimismo, podría deducirse que es una modalidad que, si bien ha imperado en diferentes etapas de la historia, tiene reminiscencias en el presente, por lo que no se ha extinguido del todo. En lo sucesivo, se hará referencia a esta forma de gobierno sólo en la medida en que se realicen comparaciones con las otras modalidades políticas estudiadas.

Bien se puede concluir que una de las confusiones generalizadas entre las constituciones de monarquía y las aristocráticas es que la clase noble comúnmente se encuentra muy cerca de ejercer la autoridad, como el monarca. Pero, una vez alterada la monarquía de realeza, la nobleza elige a uno de sus miembros para presidir el gobierno, elevándolo a la categoría de rey. De esa manera, mientras en la realeza el soberano es el rey, llamado así por ser fuente de toda autoridad, en la aristocracia la soberanía se encuentra en la clase noble.

Así, sin darse cuenta, llevado de la mano prudente de la sabiduría, de pronto el lector atento al comprender el funcionamiento de la teoría política clásica, se encuentra frente a la visión arquitectónica del pensamiento de

Platón y Aristóteles, los cuales nos hacen conocer más, mucho más de lo que nos habíamos propuesto aprender inicialmente. Si el propósito consiste en averiguar qué son las formas de gobierno, una noción relativa ante el conocimiento, después del recorrido estético y arquitectónico termina sabiendo cosas sobre la teoría clásica, sobre la república, la plutocracia y la aristocracia, ni más ni menos. A este conocimiento sólo le falta saber sobre la república, dentro de las formas de gobierno, así como la oligarquía y la democracia dentro del las forma de desgobierno las cuales van más allá del bestialismo.

REPÚBLICA

El presente capítulo contiene el análisis del Estado republicano, con el objetivo de que el lector delimite esta forma de gobierno en relación con la democracia, la cual nada tiene que ver con la esencia de la república. Platón designa a dicho gobierno de muchos con el nombre de *timocracia*, porque está cifrado en la justicia y en la libertad verdadera; en tanto Aristóteles lo denomina *politeia*, expresión que puede traducirse por comunidad política o gobierno constitucional.[41] Se trata entonces de un Estado gobernado por los muchos libres y justos, ése que los latinos habrán de bautizar con la expresión compuesta *res publica* por ser el gobierno de los muchos en la cosa pública, es decir la cosa de todos. La república es un Estado de iguales y semejantes cuyos socios son las clases medias.

Al parecer, la república es la que menos aparece en la historia, a pesar de su estudio teórico en los escritos platónicos. Los de *La República* son, después de *Las Leyes,* los diálogos de mayor extensión. El problema es que en algunas ocasiones, desde los clásicos hasta los autores contemporáneos, siguen confundiendo al gobierno de la república con la democracia.

Sin embargo, la mayoría de los análisis realizados resultan en una contracorriente, al ubicar a la república en una posición donde el ciudadano de la *Polis,* se encuentra en una situación privilegiada respecto de las demás formas de gobierno, puesto que en la república, *res pública,* o *politeia*

---

[41] Según Platón la república, la denomina "timarquía", que es el gobierno del valor o coraje, y Aristoteles "*politeia*", que es la comunidad política.

gobiernan los mejores, siempre a favor de todas las clases sociales.[42] Ahora bien, si en el capítulo anterior se analizó el gobierno de los nobles en la aristocracia, nos disponemos ahora a conocer el gobierno de los mejores ciudadanos libres y valerosos.

La libertad, así como la felicidad, son valores fundamentales dentro del esquema de la buena autoridad, pues las costumbres siempre hacen mejores ciudadanos que el poder de las leyes y éstas sólo son posibles en los gobiernos de carácter republicano. Pero este principio requiere fundamentarse en la virtud de mando y la solidaridad de todas las clases sociales, lo que implica una voluntad colectiva de acción. La fusión del honor y la ganancia crea libertad y la justicia en donde el principio republicano es producto de dicha fusión. En cambio tal conjunción corrompida lleva al libertinaje, la ganancia que corrompe a su vez el honor nobilario de la democracia. Es decir, un gobierno oligarca o democrático, puede arribar a un gobierno de república siempre y cuando tengan la capacidad dentro de sus variantes de quitarse de los extremos pasionales la pobreza y la ganancia como la riqueza.

Inclusive las repúblicas, en los gobiernos que tienen mixturas bien mezcladas, son más estables que las oligarquías, debido a que un número de ciudadanos mayor apoya la constitución correspondiente con lo que el Estado se fortalece, pues la población está más de acuerdo cuando se les da un trato bueno para todos, no importando la clase social a la que pertenezcan. Por tal razón, las repúblicas además de ser estables son más seguras si se compara con las demás formas de gobierno.

La vida de Aristocles, mejor conocido por su aspecto atlético como Platón, que quiere decir "el de las espaldas anchas", transcurrió en un periodo de revoluciones armadas que, a juzgar por sus biógrafos, fue un tiempo político y social más inestable que lo vivido por Heráclito. Platón nació hacia el año 427 a. de C. y, como ya fue señalado, no presenció en su vida más que duelos y quebrantos, tanto sociales como personales, e incluso alcanzó a presenciar el fin del esplendor de Atenas.

Durante la juventud de Platón, el gobierno democrático de Atenas se vio envuelto en una guerra mortal con Esparta, en 404 a. de C., en la cabecera del Peloponeso. Quizá por ello no causa extrañeza que el mismo

---

[42]   Patricio Marcos (1997) señala que, en un sentido específico, la palabra *politeia* o *res pública* es equivalente a esa forma de gobierno que no es de realeza ni aristócrata, y que Platón señala como *timocracia* o *timarquía*.

Platón, en *La República,* la bautice como la "Gran Bestia", por presentarse muy a menudo como furiosa y vil.

A la caída de los Treinta Tiranos, siguió la restauración de la democracia en razón de la igualdad demagógica. Sin embargo, en menos de un año que duró el gobierno de estos personajes perecieron más atenienses que en la guerra del Peloponeso, debido a la serie de ejecuciones para apoderarse de los bienes de las víctimas.

La sentencia de Heráclito, que fue germen fundamental de análisis para Platón al confirmar que la sociedad al igual que todas las cosas se hallan en incesante cambio o transformación, fue decisiva en los estudios posteriores. Dicha tesis fue resumida por la escuela de pensamiento clásica, en este caso Platón, quien indicó lo siguiente: todo cambio social significa corrupción, decadencia o degeneración.

Es muy común que la república y la democracia sean términos que con frecuencia se utilizan como sinónimos, pero hay que resaltar que, en esencia, ambos no se corresponden, pues es un hecho que la constitución republicana es aquella establecida con el principio político de "la libertad", un aspecto cualitativo adoptado por nacimiento cuyo comportamiento difiere dentro de la esencia que se maneja en la democracia, pues ésta cae en "el libertinaje".

Por otra parte, la significación de "república" debe ser empleada para designar precisamente al gobierno que se fundamenta en "lo justo" así como "la libertad" de los integrantes de su comunidad, un Estado en donde deben gobernar los mejores, de ahí que se asegure que es la constitución mejor equilibrada.

La historia de la República Romana corre de la expulsión de los reyes, en el año 509 a. de C., al ascenso de Augusto al principado, en 43 a. de C. Durante ese periodo, la República se fue perfeccionando, al incluir a un número cada vez más amplío de fuerzas sociales y aceptarse el principio político de iguales entre iguales, así como iguales entre desiguales, que tampoco son los principios del oligarca y el demócrata.

Para el demócrata, la igualdad está en todo y para todos; no reconoce que existan hombres mejores ni peores; no se acepta ni siquiera que algunos tengan más posibilidad económica, aunque una gran parte de éstos hubiera trabajado para obtener esa posibilidad. La igualdad del oligarca es también perversa, aunque en menor escala que la democrática, pues la desigualdad está en razón de la riqueza o la acumulación de bienes. El derecho correspondiente a este esquema le confiere al individuo igualdad ante los demás en todos los sentidos.

En el gobierno republicano, dentro de la historia romana, se lograran grandes avances en el sentido de obtener el derecho ciudadano a participar más activamente dentro del Estado; ahí mismo se separaron las funciones administrativas de las directrices del gobierno y fue donde finalmente se fundamentó el Derecho Romano. Asimismo, ellos fueron los que perfeccionaron las lecturas griegas, pero dándoles su sello personal.

La forma de gobierno de la república duró un tiempo considerable, hasta principios del siglo XVI. La obra de Nicolás Maquiavelo, en sus *Discursos* sobre la primera década de Tito Livio, habló extensamente del ejemplo de sabiduría política a la que llegaron los romanos, al haber diseñado un sistema de gobierno equilibrado y justo. Así, mientras en la república se brinda la imagen de estabilidad y concordia, en la democracia no es así; históricamente existen ejemplos donde las formas de convivencia democráticas muestran facetas de inestabilidad y, sobre todo, de discordia.

Maquiavelo, en su libro *El Príncipe,* escribió sobre la tipología de las formas de gobierno, donde distingue las monarquías de las repúblicas. Maquiavelo vivió en una Italia aún no unificada. Por el contrario, allí existían principados y repúblicas independientes. Un ejemplo fue la república de Venecia, un gobierno que, según Settala (1998), entra dentro de una categoría que bien puede confundirse con la aristocracia, por ser gobernada también por los mejores o los más ilustres y destacados en su honorabilidad dentro de la ciudad (p. 167).

Sin duda, el florentino es una figura importante en la Europa de ese momento, pues su gran influjo ante los hombres de su época, hizo entender por qué en una república se debió establecer una separación entre la Iglesia y el Estado. La Iglesia, como institución política, detentaba una gran supremacía en las distintas comunidades de la época, sobre todo las de carácter monárquico y aristocrático.

El acercamiento al estudio de la república se mantuvo como un elemento relevante para la modernidad política. Otro de los autores más representativos de esta modernidad que reforzó el vínculo referido fue Montesquieu, quien retomó la tipología de Maquiavelo y le agregó la clasificación de las formas de gobierno, pero con una visión jurídica, con lo cual se inició un análisis más jurista que político, no sólo de la clasificación de las formas de gobierno, sino incluso de sus ciclos políticos, cuyos eslabones históricos se han dado desde la primera alteración de las formas de gobierno.

Sobre la república, Montesquieu acotó sobre el tema que nos interesa que, si en la constitución de un país el poder supremo reside en el pueblo entero, es una democracia. Cuando el poder supremo está en manos de una parte del pueblo, es una aristocracia. Montesquieu siguió analizando la democracia, cuyo principal instrumento de elección es el sorteo y no la elección o el voto universal. Para él, la votación continuaba siendo un mecanismo aristocrático, tal vez comparándolo con el principio oligárquico, donde se dan los iguales entre desiguales y, por tanto, se justifica la elección, y no en donde los iguales, por el hecho de serlo, puede ser cualquiera.

En cualquier caso, lo que interesa resaltar es que, para Montesquieu, el sentimiento que mueve los resortes de la república continúa siendo la virtud de mando, el amor a la patria, así como la igualdad, pero entre iguales. Con agudeza destacó que en la medida en que la república se nutre de la participación de los ciudadanos, requiere, más que ninguna otra constitución, que sus integrantes estén educados con el fin de que su participación sea de mejor calidad.

A la república no se le atribuye ningún defecto, e incluso sus transiciones se dan en determinado tiempo; además, en virtud de su orden cualitativo, puede ser la más importante, aunque los cambios o transformaciones la mayoría de las veces son hacia su forma contraria, pues pocas ocasiones retornan a las formas no degradadas. Plutarco, al realizar la biografía de Licurgo, describió que en la república de ese momento no existían ni pobres ni ricos. Posiblemente esto se deba a que, como lo maneja la teoría clásica, El trato igual a los iguales y desigual a los desiguales, es decir tanto pobres y ricos participan de modo equitativo de la justicia del gobierno.

Sin embargo, en una relectura a los escritos de Platón, los múltiples esquemas demuestran que, a diferencia de Heráclito, aquél sí pensaba que la ley de la decadencia podía ser superada a través de la voluntad política, y sobre todo moral, del ser humano, apoyada siempre en las facultades de la razón.

Respecto a esto, Karl Popper (1996) escribió que:

> El ingeniero social no se plantea ningún interrogante acerca de la tendencia histórica del hombre o de su destino, sino lo considera dueño de sí mismo, es decir capaz de modificar la faz de la tierra: el ingeniero social no cree que estos objetivos nos sean impuestos por nuestro marco histórico o por las tendencias de la historia, sino por lo contrario, que previenen de nuestra propia elección, o creación incluso, de la misma manera en que creamos nuevos pensamientos, nuevas obras de arte, nuevas casas o nuevas máquinas.

Sin embargo, de acuerdo a lo anterior, no parecería extraño que los lectores de estas lecciones de teoría política llegaran a creer que las sentencias de los clásicos fueron hechas a través de la filosofía. Quisiera señalar que éstas son el resultado del estudio de varias formas de gobierno y sus ciclos políticos. Tan sólo Aristóteles investiga y analiza más de cien constituciones políticas y concluye que el animal político no es un ser racional, como muchos tratan de justificarlo, sino que se encuentra entre las especies de animales apasionados por la lucha y la sujeción del enemigo, sobre todo en un afán constante de dominio entre sus semejantes, un tipo de cacería del más fuerte en contra de sus congéneres. Todo esto se da como resultado de esas transiciones armadas y pacíficas sobre los intereses de unos cuantos.

El gobierno tercero, después de la monarquía de realeza y la aristocracia, consiste en una justa proporción o mezcla de riqueza que conjuga la libertad, una composición hecha para vivir un estilo libre de vida, para así beneficiar de manera equitativa a todas las clases sociales, sobre todo donde puedan convivir los ricos y pobres. De ahí que el gobierno republicano aspire a la felicidad de todos los ciudadanos, pues los gobiernos republicanos, o de los libres, son conocidos como gobiernos de la cosa pública, e incluso es común que algunos confundan la virtud cívica con la valentía militar.

Platón (1971), en *La República* escribió: "Recapitulemos aquello que hemos convenido sobre el régimen de la ciudad que aspira a ser eminentemente bien gobernada, sólo lo podrán realizar aquellos quienes hayan acreditado su superioridad en la filosofía y en la guerra" (p. 279). Aquí podemos avanzar sobre los conceptos de la república, pues el autor explicó, respecto a la ciudad de Atenas, el regreso al gobierno constitucional, un retorno poco común en la historia de los estados, luego que la plutocracia de tiranía corrompió a la constitución regia, así como al Estado noble de sus inicios.

El Estado republicano de la Atenas en que vivió Platón, antes de entrar a la tiranía, tuvo un carácter militar. Recordemos, que dentro del aspecto cuantitativo, esta forma de gobierno es la de los muchos pero, a diferencia de la democracia, esos muchos son hombres libres por nacimiento. Es decir, existe la soberanía de éstos al escoger y nombrar a sus dirigentes, mientras que en la democracia solamente ocurre cuando la muchedumbre tienen el poder, o bien en los momentos de ser manipulados por los demagogos. Montesquieu (1977) señala, en *El espíritu de las leyes,* lo siguiente: "El pueblo, en la democracia, es en ciertos conceptos el monarca; en otras es el súbdito."

En el principio democrático de su forma de gobierno, los muchos son tales de manera relativa, sobre todo cuando se les compara con los pocos de la forma de gobierno de la aristocracia. Sin embargo, en "los muchos de la república", éstos se identifican con los aspectos cualitativos, como son: "su identificación con la calidad de vida; la ciudadanía sinónimo de una vida libre y la sociedad que cuenta con el valor civil o cívico, entre otros más." En una forma de gobierno republicana la categoría de ciudadano pertenece a esta forma, pues éstos conocen y defienden sus deberes y derechos en razón del Estado al cual pertenecen todos.

Por el contrario, la connotación de los muchos en la democracia siempre es referente a la clase pobre, la mayoría de la población en todo tipo de nación y época histórica. Una clase pobre que se identifica con la prodigalidad, siempre apasionada por la libertad de la cual carecen y que padecen desde su nacimiento. Aquí la palabra pasión significa pasividad, padecimiento, pesar, sufrimiento o enfermedad.

La democracia, según el mismo Platón (1971), "es un gobierno, en donde se podrá ver, lo placentero, anárquico y abigarrado, que dispensa indistintamente una especie de igualdad tanto a los iguales como a los desiguales" (p. 299).

Respecto a los gobiernos republicanos, éstos, por lo regular y en virtud de su esencia militar, tienden a desarrollar un tono beligerante, con una elevada molestia interna y externa, hasta asimilar la virtud cívica con el valor guerrero, a fin de llegar a conservar una vida sin obstáculos, siempre sobre la base de la disciplina y el ejercicio de una sana política externa e interna. Es donde la autoridad actúa bajo el principio republicano gobernante para terminar con las injusticias que se ciernen tanto para esa ciudadanía como para los demás pueblos, sobre todos aquellos con los que conservan relaciones amistosas o comerciales. Para ellos, la solidaridad y el respeto internacional son la base de su política externa, la cual se ve finalmente reflejada en su vida interna a través de su buena administración ante todas las clases políticas.

Las ilustraciones de lo anterior existen en la vida moderna y contemporánea de los pueblos, como en el caso de los ejemplos de Inglaterra, dentro de la Commonwealth británica erigida en 1649, antes de entrar al proceso liberal oligárquico planteado por J. Locke. En ese momento se abandonaron todos los componentes de los ciclos políticos por demás analizados; los británicos abandonaron el gobierno de la vida noble cifrado en los mejores por un poder supremo: la de los oligarcas cuyos magnates se encuentran bajo el esquema del dinero, cuya corrupción del lujo es una vida de avaricia disfrazada por esquemas democráticos.

De la misma manera, se puede hablar de la Francia republicana en la época de los efímeros directorios dirigidos por Dantón y Robespierre, precisamente durante la revolución gala de fines del siglo XVII. Asimismo, para la época contemporánea se podría poner de ejemplo el carácter belicoso de la revolución rusa, la cual transforma el viejo imperio zarista fundado por Pedro, El Grande, en un conjunto de Estados Confederados, al frente de los cuales estaban los hombres libres del campo y muy pocas milicias urbanas.

Otro ejemplo es la Revolución Mexicana, pero no la de 1910, de corte oligárquico, sino la del año 1913, abanderada por Zapata y Villa, en la cual, una vez conquistado el poder, éstos controlaban las plazas principales, incluida la de la Ciudad de México. Después de su retirada del Palacio Nacional, se inició una prolongada etapa política regida por militares revolucionarios. Fue durante la etapa de 1920 hasta 1940 cuando su esencia monárquica y su forma republicana quedaron instauradas a través de sus instituciones, principalmente a partir de Plutarco Elías Calles, a quien se le conoce como el padre de las instituciones.

Fue éste un gobierno mexicano regio o mayestático que nació de una constitución política cuyos constituyentes tomaron la base republicana de la justicia con la finalidad de que se beneficiara las dos clases antagónicas por antonomasia, la de los ricos y la de los pobres, de tal suerte que pudieran participar de manera equitativa en aspectos políticos, económicos y sociales. Se adoptó, sin duda, antes de todas esas reformas, una Carta Magna cuya mixtura combinaba los elementos republicanos visualizados por los presidentes militares de la época que, en su mayoría, buscaron siempre el interés nacional.

Las instituciones mexicanas han sido republicanas, las cuales que se empezaron a desgastar al arribo de los presidentes tecnócratas, incluyendo al presidente Vicente Fox, quienes, en virtud de un desconocimiento de lo político, han corrompido, principalmente, la Presidencia de la República, institución y órgano supremo de la Carta Magna instaurada precisamente en ese proceso republicano.[43]

---

[43]   Es necesario comentar que existen trabajos importantes sobre la distinción entre el hombre y las instituciones, entre ellos se encuentra los de Patricio Marcos, Sartori y González Pedrero.

Estos son algunos ejemplos de los gobiernos en los que la ciudadanía, principalmente, estuvo decidida a implantar un gobierno republicano, con un orden propio y, sobre todo, donde pudieran convivir ricos y pobres, sin tener que utilizar los mecanismos demagógicos necesarios de las democracias y oligarquías. Asimismo, en la república se dio de manera natural una defensa a ultranza de lo nacional en contra de lo extranjero, situación que también se ha perdido dentro de esa alteración que viene sufriendo nuestro país.

El mismo Aristóteles (1982) escribió que para muchos pueblos es casi imposible alcanzar la constitución ideal; por ello, el auténtico hombre de Estado no debe desconocer la forma de gobierno mejor ni la que puede resultar más adecuada para esa constitución. A este respecto, es justo citar el siguiente escrito, donde señala:

> Hay que considerar no solamente la constitución ideal, sino también cuál es la que es posible llevar a cabo, es decir, tomando en cuenta las circunstancias, y de igual manera también la que es más fácil de realizar y la que se da más generalmente en todos los Estados. (p. 812).

En síntesis, una república se distingue por ser un gobierno cuya legitimidad no brota de la voluntad divina, sino de la voluntad de toda la comunidad, donde no impera la disposición arbitraria de una persona, sino la ley discutida por los mejores ciudadanos, un gobierno en el que hay instituciones donde los cargos públicos son temporales y rotativos y en el que, para su funcionamiento, los individuos participan, en ocasiones directamente y en otras por medio de representantes.

Se podrá ir concluyendo al respecto, como ya se señaló, que las repúblicas son buenos gobiernos cuando se manejan bajo los principios de excelentes autoridades, cuyo timón es utilizado para el provecho de la comunidad, olvidándose de cómo lo hacen en las democracias y oligarquías, donde se busca únicamente la conservación del estado y su beneficio propio.

Las repúblicas están dirigidas por individuos que son parte de la sociedad, pero que son los más destacados, además de preparados teóricamente, para llevar a la población a mejores condiciones de vida, pues a través de la educación, así como los buenos hábitos, es así como los republicanos participan en la conformación y elección de funcionarios públicos. En efecto, es una forma de gobernar donde los altos dirigentes del gobierno se ajustan a las instituciones y normas administrativas de los más sobresalientes.

Debido a todo lo anterior, bien se puede decir que un buen gobierno se compone de diversas partes, en el cual se incluye definitivamente a la totalidad de los ciudadanos en edad de participar, es por ello que se le reconoce con el nombre común de república. En ella, los pobres, ricos, nobles, virtuosos, académicos, figuran en ese todo compuesto de clases, pero armónico. Cuando se empieza a descomponer esa forma de gobierno es cuando las dinastías de los poderosos oligarcas, o bien la muchedumbre, empiezan a querer controlar los asuntos del estado.

Esta forma de gobierno, como ya fue acotado anteriormente, es poco frecuente por las exigencias que el propio modelo político requiere, pues podrá haber hombres o mujeres con cierta cualidad de templanza y prudencia, entre otras cualidades más, pero lo difícil es reunirlas para formar ese conjunto armonioso que sea el que predomine, para que se den las condiciones suficientes y necesarias para lograr una autoridad gubernamental con esas características.

En el Capítulo 7 del Libro Tercero de la *Política,* su autor afirmó que cualquiera de las formas justas y rectas de constitución, ya sea que consten de un solo gobernante o sean los pocos o los muchos que lo hagan con la mira puesta en los intereses comunes, serán necesariamente gobiernos rectos. Entre tanto, aquellos desgobiernos que orienten su administración con la mira puesta en el interés privado de uno de pocos o de mayoría serán desviaciones de los anteriores. Finalmente sería quizás suficiente mencionar que, como sucede en la vida, las cosas buenas son escasas comparadas con las malas.

La propia explicación del estagirita al respecto nos muestra que es materialmente imposible que los extremos se reúnan sin contar con algo intermedio que los una. Dicha metáfora, aplicada a la forma republicana, nos indica la necesidad que existe que el pueblo entero participe estrechamente con constancia, pero de manera armoniosa, con sus gobernantes; ello evitará que las clases antagónicas de pobres y ricos busquen apoderarse del Estado.

Se trata de un gobierno republicano dentro de un Estado de clases medias, ya que éstas son el eslabón intermedio porque en los extremos se encuentran las pasiones de las clases opuestas, donde están representados la injusticia, la arrogancia y todo el posible atropello que se da en la pobreza, la cual siempre procede del excesivo afán de la ganancia. Se parte de la premisa de que dentro de ese todo compuesto que es el Estado, el cual se fundamenta en la dialéctica del gobernante gobernado, es donde se encuentran los que saben mandar con los que deben obedecer. El problema es que los oligarcas no saben gobernar, pues lo hacen con gran altanería, aparte de que tampoco saben obedecer las normas, pues de inmediato las corrompen por sus intereses personales o de clase.

Pero tampoco los pobres, que son la mayoría, demuestran destreza al gobernar, por haber sido educados en ambientes miserables. Cuando éstos llegan al poder, no soportan las presiones y se convierten en tiranos, dejando a un lado las condiciones indispensables de armonía para un gobierno. En conclusión, la mejor es la república, donde gobierna la clase de aquellos que son superiores en valores, en comparación con cualquiera de las dos clases analizadas.

La clase republicana, o de los medianos, es indispensable en un gobierno, aunque no tengan la posibilidad de gobernar pues, por lo menos, en virtud de su prestigio, son un contrapeso importante para aquellos que se apoderaron del gobierno. Como es una clase muy reducida, los gobiernos republicanos escasean en la historia, así como en la realidad cotidiana; de ahí que los gobiernos democráticos y oligárquicos sean los que con más frecuencia han estado presentes en el la historia de la humanidad. Así las cosas, no deberá sorprender al lector el hecho de que existan pocas formas genuinas de república, fundada, como ya se señaló, en las clases que tienen el conocimiento político para conservar el bien de esa constitución con base en las alianzas o aliados que viven separados, pues los republicanos son una garantía de las justas pretensiones que tienen los hombres, incluyendo aquellas en las cuales se dominan unos sobre otros en todos los aspectos de la vida privada y social.

Dentro del principio republicano no se admite la igualdad aritmética en el sentido de los cargos políticos y magistraturas administrativas, pues éstos deberán ser repartidos de acuerdo a la capacidad teórica y práctica pero, sobre todo, a la calidad probada de las personas. Se parte del principio de que no todos cuentan con el perfil adecuado para los encargos públicos que se necesitan. Esa es una diferencia esencial con la democracia, donde se aplica la distribución aritmética o la manipulación de las circunstancias partidistas.

Otra de las diferencias con las formas de desgobierno es que en la república los políticos gobernantes tendrán que observar y respetar la justicia, sobre todo al impartirla hacia la comunidad, incluso ser severos en caso de que exista renuencia en las partes en conflicto. Sobre todo, una vez que se hayan presentado las pruebas de culpabilidad se llevarán a cabo las acciones de la ley. Es importante comentar esto, sobre todo, porque a los tecnócratas y a algunos políticos posmodernos en nuestro país les aterra enfrentarse a los problemas y resolverlos; no se quieren dar cuenta de que su cargo está por arriba de cualquier presión, venga de donde venga, siempre y cuando no perjudique a terceros en beneficio de otros o de sí mismo.

Hasta aquí concluiré sobre el gobierno republicano, tocando de manera teórica los ciclos de las constituciones de sus formas de autoridad política. Ésas serían las mudanzas que se han dado o se pudieran dar en la vida pública, donde la vida noble de las formas de gobierno justas se diferencia de las intemperantes de los desgobiernos, sobre todo por la necesidad de ir aclarando diversos aspectos, a través de un catálogo de usos y costumbres, dentro de las diferentes comunidades humanas.

No se puede dejar suelto el criterio cronológico del principio político del gobierno republicano, dada la corta vida de éste. Como ya se resaltó con anterioridad, es una constitución efímera en comparación con las demás formas de gobierno, cuya vigencia conjunta se configura en estancias muy cortas, pero más cuando los historiadores y analistas las llegan a omitir o confundir. Platón denomina al alma republicana con la palabra timocracia, *thymós* significa castigo y *crátos* poder, debido a que entrega el gobierno de sí misma a la parte ambiciosa y colérica de ella, volviéndose así altanera y pagada de honras, sobre el alma oligarca. Tal transformación es la codicia de dinero del alma plutocrática la cual suplanta a la pretensión de honores del alma timócrata.

OLIGARQUÍA

En el presente análisis se definirá y explicará en qué consiste la forma de gobierno oligarca, sobre todo el comportamiento de su comunidad dentro de ese tipo de Estado, así como de la clase social a la que pertenece el poder. El problema al que nos enfrentamos es similar a los analizados en los anteriores capítulos en cuanto al prejuicio de la ciencia política posmoderna. Dicha dificultad de conceptualización en el terreno teórico, mismo que ya fue aclarado en el primer capítulo, se inició desde la asimilación o aceptación indiscriminada del gobierno de realeza con la del desgobierno tiránico de carácter unipersonal. Donde la definición contemporánea de oligarquía es: "el gobierno de los ricos donde el pobre no puede participar del poder."

El segundo es la confusión entre el desgobierno de los pocos ricos, cuyo gobierno es oligárquico, y el gobierno de la nobleza aristocrática. Tercero, es el gobierno de la república un gobierno institucionalmente constitucional con su contraparte; el desgobierno de la democracia.

Por otra parte, reitero que la esencia de la forma de gobierno oligárquica es cuando se administra en razón exclusiva de la ganancia. No solamente es el dinero o la acumulación de éste, como muchos piensan. Es, sin duda, la forma de reproducirlo a través del interés, para el caso financiero, pero bien puede ser la excesiva plusvalía del capital industrial, la ganancia comercial, así como la agropecuaria, incluida ahora la de servicio.[44] Platón señala que la enfermedad que nace por primera ocasión en los gobiernos de los pocos ricos, es calificado de libertino en el terreno económico, en donde se da un derecho ilimitado a comprar y vender en razón de la ganancia, aunque ello cause la ruina de muchos o bien el enriquecimiento ilimitado de los pocos.

Carlos Marx, como parte de la teoría del "plustrabajo del obrero", explicó que, después de cubrir el tiempo necesario para rembolsar al patrón su salario, el excedente es la fuente de "la plusvalía". Es la ganancia la que encierra el incremento progresivo del capital. La plusvalía es, sin duda, una parte importante para constituir la ganancia del capitalista. Sin embargo, la predicción incumplida de Marx, fue dentro de un romanticismo ancestral de la eliminación de las clases quedó en mera fantasía.

Desde la época clásica griega, la palabra *tokos* tenía el significado de "vástago" o interés, el cual era utilizado para definir el principio oligarca para allegarse la voluptuosidad de la ganancia, tan propia dentro de la creación del capital. Es la usura, que ha sido censurada no solamente en la época en que vivieron los clásicos de la teoría política, sino en todos los tiempos. De ahí por qué en esta forma de desgobierno oligárquica únicamente se han velado los intereses de la clase rica, los cuales fueron capaces de desplazar la figura paternal del monarca por la pasión del dinero, todo debido a su avaricia.

La teoría clásica explica qué se debe entender por gobierno oligárquico, una forma de convivencia social donde el censo económico es el que decide la condición de cada ciudadano. El criterio es tan alto que, por consiguiente, siempre les corresponderá a los ricos el derecho de gobernar o de imponer sus condiciones políticas a través de algún órgano jurídico, en un esquema donde los pobres no tienen cabida alguna dentro del poder decisorio. Los elementos arriba señalados son únicamente una parte de los vicios de la constitución oligárquica, tema de gran importancia, para ser analizado, sobre todo por la gran repercusión que está teniendo en todo el mundo a

---

[44] La teoría clásica analiza cuatro fuentes de riqueza oligarca que son a saber: la financiera, industrial, comercial y agropecuaria. En el caso de la Economía Política marxista, nos dice que: El trabajo es la fuente de toda riqueza, un trabajo acumulado a que la economía da el nombre de capital y ese capital, gracias a los recursos auxiliares que encierra, eleva la capacidad productiva del trabajo vivo, el cual se le conoce con el nombre de plusvalía o ganancia. Véase a Karl Marx (1977), p. 443.

través de la globalidad, lo que sin duda incluye al régimen mexicano actual. Para el caso, también es necesario analizar su contraparte, la democracia, una forma contraria de gobierno que se encuentra en razón de la muchedumbre, que son aquellos desposeídos que lo único con lo que cuentan es su fuerza de trabajo. Respecto a la democracia, por ser un tema neurálgico, no solamente para esta investigación, sino para la contemporaneidad, se ampliarán todos los aspectos cuantitativos y cualitativos en el siguiente apartado. Sin embargo, únicamente se retomarán algunos asuntos para asegurar la comprensión de estas dos modalidades de desgobierno.

Por dichas confusiones es que buena cantidad de instituciones políticas de apariencia popular destruyen las propias democracias, de la misma manera que todas aquellas que aparentan ser de carácter plutocrático destruyen a las oligarquías. Como ya se adelantó a lo largo de este trabajo, la pretensión de los democráticos sobre el poder es contraria a la pretensión de los oligarcas sobre el mismo.

Quizá la confusión venga desde el origen de la oligarquía, pues estos gobiernos de los pocos abandonaron el antiguo camino de la virtud sobre la base de la liberalidad equitativa de carácter aristocrático, al modificarla y dedicarse a la acumulación de riqueza sobre la premisa de "la ganancia" que, dentro del esquema de la doctrina económica del liberalismo, es una forma de reproducir sus bienes. Todo lo anterior da a esa clase social la oportunidad de adueñarse del Estado, sobre todo de los asuntos públicos, con la finalidad de hacerlos privados, siempre a favor de sus dinastías.

Por tanto, se puede decir que, desde la antigüedad, en la modernidad y en la posmodernidad, existieron y siguen dándose hombres partidarios de la acumulación de la riqueza que aún justifican y disfrazan las "constituciones oligárquicas", conocidas ahora con el término compuesto de "democracias burguesas", con la sola finalidad de legitimar dichas formas de gobierno, sosteniéndolas como las más adecuadas.

Son en estos gobiernos oligarcas donde la muchedumbre podría terminar con las libertades de la propiedad privada. Por tal razón, dentro del gobierno de la clase rica, por razones de seguridad, sea por el aumento de la población o por el propio deterioro político y económico, no se permite la participación de las mayorías. Para evitar la inconformidad de éstas, no propietarias, la herramienta del sufragio se volvió fundamental, principalmente con la finalidad de oxigenar los problemas de contradicción de clases, para así conservar su primacía en el Estado.

Aún en los gobiernos de los opulentos, jamás se aceptará su conducta acumulativa; por tanto, siempre buscarán, y muchas veces encontrarán, climas sociales propicios para su desarrollo, sobre todo al negarlo a través de los medios masivos de información, cuyos demagogos están a su servicio, para justificar y afirmar que no existen tales desigualdades. Mientras tanto, otros más, los ideólogos a su servicio, utilizan todos los subterfugios para disfrazar y colocar un velo con elementos democráticos, pero siempre a favor del gobierno de los pocos.

Los agentes que influyen en el poder dentro del Estado oligarca hacen uso de diversos elementos demagógicos para controlar a la sociedad, para modificar a su propia conveniencia los resortes políticos, con la finalidad de buscar un equilibrio igualitario entre las clases. Pero dicha igualdad nunca podrá darse en lo económico, lo social, lo educativo o lo cultural e incluso en la distribución de la tierra, que es donde las desigualdades de los regímenes plutocráticos se fundamentan.

Precisamente, la primera fuente de acumulación por parte de los magnates fue la tierra, cedida a través de grandes concesiones de caracteres feudales pero, sobre todo, monopólicos. Es éste un esquema que se reproduce a través de la legitimación del Estado moderno, un artificio de la propiedad privada que no es otra cosa que esa pasión por tener. En ese sentido, la palabra propiedad tiene el significante de ser una parte del hombre que la crea.

Aun en la actualidad, la compra y venta de tierras tiene grandes proporciones especulativas en casi todo el globo terráqueo; en él se utilizan todos los medios de enganche, incluyendo el principal, que es la plusvalía. Sin duda, es un negocio especulativo de la venta de terrenos, donde el valor del bien inmueble se convirtió en parte fundamental para la generación de riqueza.

La historia inglesa y angloamericana son ejemplos de la sociedad moderna respecto a las enormes ganancias originales producidas por la venta de terrenos, donde el negocio jugoso de los oligarcas era vender a crédito al inmigrante, pero al no cubrir éste su costo al tiempo establecido, aquellos se reapropiaban de esas tierras, ya trabajadas o abiertas al cultivo por los antiguos deudores, para después inyectarle un buen incremento en la venta de las tierras. De esa manera, los propietarios de las compañías inmobiliarias de colonización se enriquecían doblemente.[45]

---

[45]　Patricio Marcos (1997), en el Capítulo XI realiza de manera acertada un ensayo sobre el imperio oligarca de los EE.UU. y aborda la época de la especulación fiduciaria en el desarrollo imperial de ese país.

En las oligarquías, como gobiernos injustos, se desarrollan las desigualdades que favorecen los resentimientos nacidos de esta antonimia. Sin embargo, Aristóteles, en la *Ética Nicomaquea,* demostró que el dinero, como medio de intercambio, sirve para que las cosas sean conmensurables, reduciéndolas a la igualdad. Porque si no hubiera intercambio, acotó, tampoco podría haber comunidades con intereses.

Ahora bien, el hecho de que exista y persista la disparidad en la distribución de la riqueza, la educación y otros valores más genera presiones de parte de los muchos para una mayor igualdad. El gobierno oligarca necesita obtener el consenso de los más pobres; por ello, en sus gobiernos se busca satisfacer algunas de sus demandas, que son un mero paliativo pero no aseguran el bienestar de todos. Se hace justicia como resultado de una concertación o contrato entre los individuos pero, como las injusticias persisten, entonces éstas son manejadas ideológicamente como si fueran una ley natural o divina.

En la contemporaneidad, los Estados en donde gobiernan las plutocracias han encontrado una fórmula para lograr una mejor o aparente estabilidad; sus gobiernos han respondido en los últimos treinta años a las demandas de los pobres con programas de atención donde se reduce de manera ágil los contrastes. Los proyectos sociales de esos gobiernos han dado buen resultado, pues existen en la actualidad más regímenes plutocráticos que democráticos, sobre todo a la caída del bloque socialista, deteniendo así las posibles transiciones políticas, particularmente las de carácter violento.

Otra salvaguarda es la existencia de la demagogia, la cual es como moneda corriente en las formas de gobiernos corruptas, como son los casos de las tiranías, oligarquías y democracias, todas ellas proclives al uso de la demagogia. ¿Acaso la avaricia de los pocos ricos no la necesita? Pues, por su carácter licencioso, es necesaria la demagogia a fin de afirmarse como clase suprema y, sobre todo, justificarse, incluso, ante el trato desigual a desiguales, una premisa de la justicia oligarca.

Con todo, dichas desigualdades han sido reducidas como resultado de la atención a las posibles amenazas atendidas, particularmente para ser desactivadas a través de los programas ya mencionados, para que los grupos de pobres perjudicados por el modelo capitalista obtengan una atención más focalizada, con paliativos que puedan corregir la desigualdad pero, sobre todo, el posible descontento.

Un proceso que ha sido ejemplo para los gobiernos oligarcas del mundo contemporáneo es el registrado en los Estados Unidos de América, donde las distintas minorías han sido una amenaza atendida. Tenemos concretamente el ejemplo del problema de los negros, quienes fueron hasta finales de los años cuarenta una grave amenaza para la clase oligarca de ese país. Dicho gobierno había logrado mantenerse sobre la base de la violencia y la represión. Sin embargo, la mutación fue posible por la presencia de ciertos principios democráticos, elementos que les sirvieron para pasar de la coacción a la posibilidad de que la comunidad de color participara en las actividades políticas; de esa misma manera se corrigió y atendió a otras minorías e incluso a algunas mayorías étnicas.

Alexis de Tocqueville puso un ejemplo que, aplicando el término de la sociología moderna, la cual permea actualmente a toda la sociedad angloamericana en sus expresiones y costumbres, sobre todo en su estilo de vida. Desde entonces, en Norteamérica, la conscripción es conocida; "se recluta allí a los hombres por medio del dinero." Sin duda, es ésta una estrategia con gran esencia oligarca, ya que, hasta la fecha, aplicar todo a través del negocio ha dado resultados impresionantes.

Su misma política externa lo demuestra desde que G. Washington anunció esta interesante y oligarca idea: "La nación que se entrega a sentimientos habituales de amor o de odio hacia otra, llega a ser en cierto modo esclava. Es esclava de su odio o de su amor" (Tocqueville, 2001, p. 234).

Con esta máxima se ha desarrollado la nación más poderosa de la época contemporánea; sin duda, se trata de una visión que fue complementada por Thomas Jefferson al señalar que: "los norteamericanos, no deben jamás pedir privilegios a las naciones extranjeras, a fin de no estar obligados a su vez a concedérselos" (en Tocqueville, 2001, p. 239).

La razón de ser del gobierno angloamericano es la ganancia, aplicada al negocio de la clase oligarca. Su política externa e interna de siempre ha carecido de odio y de amor y está dirigida a la expansión de su comercio sin fronteras. Una ventaja que siempre han aprovechado los norteamericanos, precisamente porque no tienen vecinos poderosos, es aquello de "América para los americanos". Esta es una verdad que, aunque duela, sigue siendo real.

Pero, en realidad, ¿qué papel ha jugado la democracia en este país? Siguiendo a Tocqueville, se podría preguntar ¿qué diablos hace la clase en el poder angloamericano con la democracia? Ésta es totalmente contraria a su forma de gobierno. Sobre este punto, por ser tesis medular del actual tema, demando a los defensores y críticos de este país oligarca e imperialista que sostengan un juicio también sin odio ni amor. Pues el parisino autor de *De la democracia en América* acotó que "sin empacho puedo decirlo: los gobiernos democráticos decididamente son inferiores a los demás". Dicha cita da pauta para señalar que precisamente la idea de su libro fue advertir a Francia, su país, así como a toda Europa, quizás también a los EE.UU., sobre los peligros de la democracia.

Sin embargo, los elementos democráticos resultan buenos para favorecer la convivencia del gobierno oligarca con las clases desposeídas, pues con ellos se puede difundir el bienestar general y, sobre todo, fortalecer el espíritu público, además de imponer el respeto a la ley, dentro de las diferentes clases y grupos sociales, principalmente de quienes no cuentan con gran influencia directa para proponer leyes de privilegio, como, de hecho, lo hace la clase en el poder. Estas son cualidades que pertenecen, particularmente en este país, a la clase oligarca y que finalmente hacen que ésta mantenga el poder del Estado.

La utilización de rasgos democráticos por parte del gobierno oligárquico le es de utilidad para establecer una política más de sentimientos que de razonamiento que satisface las pasiones momentáneas de las clases trabajadoras o aquellas que simplemente no cuentan con medios de producción. Precisamente a esa clase democrática por esencia es a quien se le debe vender o recompensar con las ideas democráticas de participación electoral y, sobre todo, de amor al país, donde viven con la libertad de ser ricos o bien morirse de hambre.

Esa es la lógica concebida en su momento, que se ha expandido por el mundo contemporáneo y que se ha seguido ejecutando con enorme éxito. La masa del pueblo es reducida por su ignorancia o, mejor dicho, por sus pasiones, pero este modelo contiene ventajas reales, al grado de hacer vacilar hasta a las capas medias, incluidos los pseudointelectuales. Dicho modelo sorprende el espíritu de la población y lo hace vacilar fácilmente a la embriaguez de las pasiones irreflexivas de confundir los principios del gobierno oligarca con el democrático.

Sin duda, ésta ha sido una oportunidad que ha sido aprovechada dentro de la combinación o la mixtura de *oligarquía-democrática,* donde se ha logrado un posicionamiento a nivel mundial que se ha convertido en un modelo de exportación a todas las naciones del mundo. No obstante, el ejemplo angloamericano confirma, en Teoría Política clásica, lo siguiente: "Los gobiernos con constituciones mixtas son los más estables". Pero todo ello no quiere decir que el de los EE.UU. no sea un gobierno con esencia oligarca.

Por lo anterior, se rechaza tajantemente ese modelo exportador, como lo llaman los nuevos hombres de la *politic science,* o bien de la política comparativa, cuando califican como democracias modernas a todos esos países que están aplicando los modelos harvarianos al estilo de Robert Dahl y Samuel P. Humington, entre otros. Se puede concluir que toda esa ola de democratización del mundo posmoderno en su mayoría está transitando, pero al modelo oligarca, con elementos de participación de carácter democrático.

Estimado lector, permítaseme plasmar las siguientes definiciones de Aristóteles en su obra *Política*, respecto de las diferentes especies de oligarquías que existen:

> La primera consiste en que las magistraturas sean designadas según las tasas de propiedad, tan altas que los pobres, que son la mayoría, no tienen ninguna parte en el gobierno, mientras que al hombre que adquiere la cuantía de propiedad requerida se le permite tomar parte en él.
>
> La segunda es aquella en que las magistraturas se designan de entre aquellos que poseen las tasas de propiedad más altas, y los mismos magistrados eligen a los que han que ocupar las vacantes (de manera que si ellos hacen esto entre los ciudadanos que entran dentro de dicha tasa, eso parece más bien tener naturaleza de una aristocracia; pero sí lo hacen a partir de determinada parte de ella, resulta oligárquico.

La otra variedad de oligarquía tiene lugar cuando el hijo sucede a su padre en el cargo. La cuarta clase se da cuando el sistema hereditario que acabamos de mencionar une a sí el que los que gobiernan son los magistrados y no la ley. Esta forma, entre las oligarquías, corresponde a la tiranía: una oligarquía de esta clase recibe el nombre particular de dinastía.[46]

Es dentro de la primera especie de oligarquía donde se asignan los cargos en función de la riqueza y propiedades que permiten participar en la conformación del Estado, pero sobre todo dentro del gobierno, actuando bajo el término de sociedad civil. Éste es un engaño que hace pensar que las

---

[46] Aristóteles (1982), p. 824. En Tucídes, III, nos dicen los tebanos de esta clase de situación política: en aquellos días nuestro Estado no estaba gobernado por una oligarquía que garantizara iguales derechos a todos, ni siquiera por una democracia; el poder estaba en manos de una *dinastía* de pocos hombres, cosa más opuesta a la ley o al verdadero orden políticos, y la que más de cerca se parece a una tiranía.

demás clases sociales también pueden participar en el diseño de las leyes de privilegio de esa sociedad plutocrática. En tal virtud, quedan excluidos los miserables, o sea, la mayoría del pueblo, debido a su situación económica, que los deja fuera del juego político, económico y social reservado a los ricos.

La segunda especie es la que fija un tope más alto de los bienes fundándose, como es normal, en la posesión de riquezas más grandes. En ésta, las directrices del gobierno se hacen desde las cámaras legislativas, donde se encuentran los representantes de esas oligarquías, que pagaron tasas altas de dinero para poder contar con el derecho de manejar a su capricho y satisfacción las políticas públicas del Estado a través de los diputados y senadores e incluso del mismo Poder Ejecutivo y Judicial. Son éstas dinastías oligarcas, donde el Estado es controlado por las pocas familias poderosas; dinastías como los Rockefeller y los Morgan, entre otras familias que, como dicen los mismos angloamericanos, solamente hablan con Dios.

Cicerón ilustra de manera contundente lo sucedido en Roma. Parafraseándolo se puede decir que: la mejor estabilidad pública se corrompe por el capricho de los hombres, sobre todo al equivocarse acerca de la virtud, pues se cree que los hombres opulentos y acaudalados, o los de abolengo, son los más nobles.

A consecuencia de este error vulgar, continua Cicerón, una vez que las riquezas de unos pocos y no sus virtudes se apoderan del gobierno, muchas de las ocasiones tales personajes retienen pertinazmente el nombre de nobles, pero sin merecerlo realmente, porque la riqueza, el apellido, los caudales carentes de prudencia y de la medida para saber vivir bien pero, sobre todo, para gobernar a los demás, son causas de oprobio y de insolente soberbia. No hay forma de gobierno más degenerada que aquella en la que se considera más nobles a los opulentos.

De tal manera, incluso la ideología de los pobres y los ricos respecto al poder involucra que éste ataña a ambos, y es exclusivamente en cuanto a la falta o el defecto de no tener, así como al exceso o la demasía de bienes materiales, de donde parte la desigualdad en la distribución de la riqueza. Al respecto, Aristóteles afirma que la exclusión absoluta de la vida pública es propia de la oligarquía y ahí se hace necesario que los ciudadanos cumplan con el censo de rentas personales, que provengan de otra fuente de trabajo y así suplan ocasionalmente los ingresos que les da el gobierno.

El hecho es que no está mal que el oligarca u hombre rico sea desigual al pobre por su riqueza. Lo que está fuera de la justicia es que el rico pretenda traducir esa desigualdad en términos de poder, lo cual resulta en una serie de beneficios de carácter privado. En términos reales, la plutocracia toma como bandera hacer de una sola desigualdad, la riqueza externa, el criterio absoluto para distribuir los cargos de poder, así como los públicos.

En el mundo contemporáneo, con la implantación del Estado Moderno en la Gran Bretaña se dieron las primeras fases del mercantilismo, que consistió precisamente en buscar la ganancia personal, pero en conjunto o como clase social, una balanza comercial favorable para su gobierno. Son precisamente los países que entraron de lleno a lo que conocemos como doctrina liberal, que no es otra cosa que una usura global que se ha sofisticado de manera superavitaria.

Ahora la globalización nos muestra que, cualquiera que sea lo asumido por las empresas de los mercaderes, se está evidenciando la crematística comercial de nuestros días, en donde se tiene como único fin la obtención de la ganancia y el lucro económico, razón por la cual se requiere sostener una fuerza militar ofensiva permanente. El propio estagirita clasificó a los oligarcas en cuatro especies que son, a saber: la comercial, la financiera, la industrial y la terrateniente. Su análisis por separado es más completo que el utilizado por Karl Marx, quien los engloba en una sola categoría, a la que llama burguesía.

Justo es aclarar nuevamente al lector que la crítica de la teoría clásica no es al "dinero", ni tampoco a su función natural de compra y venta; el dinero como símbolo inventado por el hombre para lograr un intercambio no es antinatural, como, de hecho, si es considerada la ganancia excesiva.

No es eventual que exista un interés con el cual los usureros logren amasar toda una fortuna sobre la base de una gran miseria de los muchos. Dicha aclaración podría evitar una falsa visión ideológica de tipo marxista, tan utilizada por un tiempo por algunos profesores de las universidades, sobre todo cuando se leyó a Karl Marx en su compleja pero interesante explicación sobre el dinero (*mercancía*). Pero regresemos al análisis de la teoría clásica de las formas de gobierno, la cual es sorprendente hallar en estos antiguos escritos del año 500 a. de C. Son características del mundo contemporáneo con ciertas modificaciones; lo mismo sucede con las recientes tendencias políticas y sociales. Es impresionante cómo Aristóteles desarrolló y sistematizó tan importante teoría, que se ha convertido en parte constitutiva del cuerpo principal de la ciencia política.

Pasemos al análisis de la fórmula de la justicia social oligárquica, aquella que ordena los cargos públicos de tal manera que, a mayor riqueza particular o de grupo, corresponde un mayor poder público. Por ello, en determinado momento, los economistas las determinan como: economía de guerra, de informática y tecnológicas, entre otras. Es sin duda el cabildeo por parte de sus empleados, los senadores y diputados, representantes del gran capital, quienes llevan los intereses de los oligarcas hasta sus últimas consecuencias.

Patricio Marcos (1997) expone:

> Una clasificación censal de las partes o clases sociales conforme a la riqueza percibida por cada una de ellas, con el objetivo de registrar la desigualdad sobre la base de la distribución del poder entre los componentes de la sociedad. El derecho de participar del poder queda así dividido en varias categorías: primero con el propósito de universalizar la distinción entre la clases ricas de las pobres, segundo para diferenciar, entre las primeras, las menos holgadas de las opulentas. (p. 290)

Siguiendo su tratado sobre el tema, afirma que la elección como instrumento o procedimiento para distribuir los cargos oficiales en la oligarquía es el voto, cuya fórmula es la idónea cuando se trata de seleccionar a quienes cuentan con mayores derechos de participación pública frente a los que tienen menos y, con mayor razón, para distinguir a aquéllos frente a los que no cuentan con ninguno por ser pobres.

De acuerdo a lo anterior, el sufragio universal, como instrumento o procedimiento para elegir candidatos, es oligárquico y no democrático, como se ha logrado imponer y manipular en la actualidad. En nuestros días, dicha confusión es aprovechada por los partidos políticos para establecer sus condiciones de grupo o de clase social.

Reiteramos que la acción de votar significa preferir una cosa sobre la otra, lo cual implica una desigualdad de carácter oligárquica, que no democrática, pues el principio de esta última es la igualdad en todo y para todos. En el caso de las organizaciones de poder plutocráticas, es claro el privilegio de una clase social sobre la otra, es decir, la preferencia del rico sobre el pobre y, más aún, sobre los menos ricos, hasta llegar a un grupo oligarca, el cual se coloca al frente del gobierno para administrar en razón de la ganancia y hacia la ganancia.

En síntesis, se debe señalar que la elección por medio del sufragio es, por naturaleza, un método de los gobiernos de los pocos, aristocracias y oligarquías, sobre todo en esta última modalidad, donde se discrimina a los indigentes a favor de los opulentos, lo que permite traducir la riqueza privada en poder público bajo la falsa creencia de que quien cuenta con más riqueza material posee la mayor capacidad de mandar sobre los asuntos públicos de toda la comunidad, garantizando así conservar un régimen desigualitario.

A estas alturas el lector agudo habrá agudizado sus sentidos y estará formulando la siguiente pregunta: Entonces, ¿quién debe gobernar? Resulta difícil evitar cuestionarse de esta manera: ¿el mejor?, ¿el más sabio?, ¿el político?, ¿aquél que domina el arte de administrar?, ¿el más rico o el empresario?, ¿los obreros?, ¿los campesinos?, ¿los filósofos?, ¿los literatos?, o bien, ¿el pueblo?

Quién de éstos obtendría el mejor gobierno, o el peor. La respuesta es: será siempre de acuerdo a la clase en el poder, misma que tratará de demostrar o justificar su estancia.

Aquí cabe otra pregunta al respecto: ¿en qué forma podemos organizar las instituciones políticas actuales a fin de que los gobernantes malos o incapaces no puedan arribar al poder para que no dañen a la comunidad? El problema es que el poder político no es fácil de controlar, pues, una vez que se obtiene, se tiene el control y utilizando todos los aparatos del Estado prácticamente se puede hacer lo que plazca, lo que ocasiona que el poder político sea supremo. Bodino, en su escrito sobre soberanía (incontrolada), finalmente evidenció que el poder político es prácticamente absoluto, con la condición de ponerlo en las mejores manos.

Es necesario aclarar un poco más sobre la conveniencia de los "gobiernos con constituciones mixtas", analizados y comentados por los pensadores de la antigüedad, los cuales se basaron en la noción de que, cuando el poder es ejercido a través de una forma de gobierno simple, son éstos los elementos justificadores de alguna otra forma de gobierno, para que las fuerzas sociales que no se identifican con los principios políticos de la clase en el poder consideren que son tomados en cuenta, produciéndose así la legitimación de las demás clases sociales.

Existen combinaciones entre estas seis formas de gobierno, también conocidas en la jerga jurídica como constituciones mixtas. Sin embargo, las formas de gobierno oligarca, así como la democracia, la mayoría de las veces fundamentan su estructura política en la demagogia, con la finalidad de poner un velo a sus intereses de clase, presentándose ante los ojos de la sociedad en forma contraria a su esencia o principio político.

De ahí que se afirme que todas las formas de gobierno simples son inseguras y representan un riesgo a la clase suprema de ese Estado. Son precisamente los gobiernos mixtos los que, según la teoría clásica, llegan a gozar de mayor estabilidad, pues utilizan diversos mecanismos de *legitimación.*

Ya se discutió cuántas y cuáles son las variedades de gobiernos; por tanto, es necesario hablar de las combinaciones de todos los modos posibles de organización del Estado, sobre todo cuando esas formas de gobierno oscilen de tal manera que den lugar a constituciones con esas características de equilibrio y que los juristas llaman pesos y balanzas.[47]

La fórmula para armonizar la relación política en determinado Estado será ocultar las ambiciones e intereses de la clase suprema con un velo en donde, la mayoría de las ocasiones, se exalta la forma y no el fondo o la esencia de los intereses de los grupos en el poder.

Hay que tomar en cuenta que no todas las combinaciones políticas se logran. El resultado del intento depende de la sabiduría y habilidad de quienes diseñan las reglas del juego. Es casi siempre sobre la base del gobierno donde se encuentran los cimientos de la constitución real y la creación de instituciones políticas y sociales que juegan un papel fundamental para mostrar hacia fuera un rostro diferente, pero con un comportamiento contrario hacia al interior.

Cuando se evoca el gobierno mixto, éste tiene comúnmente un vínculo directo con la división de poderes, y no me refiero a la posición dogmática de la separación entre el Ejecutivo, el Legislativo y el Judicial, sino a encontrar, a través de las facultades constitucionales de cada órgano, ¿a cuál de los tres órganos jurídicos la clase en el poder le otorgó mayor peso? Es conveniente aceptar que los tres poderes fueron creados por los hombres y que cada uno de ellos está representado por seres humanos y, por supuesto, no son algo subjetivo o meramente teórico y universal.

En la teoría del gobierno mixto y la doctrina de la división de poderes, existen adecuaciones que habrá que explicar. La principal consiste en la búsqueda del equilibrio del Estado por parte de una determinada clase social. La diferencia se localiza en que dicha estabilidad se encuentra dentro de las fuerzas sociales, en tanto en la división de poderes se realiza mediante las funciones públicas. La mejor prueba de su diversidad se encuentra en

---

[47] Polibio señala que ese tipo de mixturas era, sobre todo, un esquema de pesos y contrapesos en el que, por tanto, había mutuos controles. El propósito era que ninguna parte tomase la supremacía sobre las demás. Por eso, mediante la integración de elementos de otra constitución se le otorgaban atribuciones y funciones específicas a otros grupos.

la diferencia de los respectivos opuestos, por un lado, en la negación de un gobierno despótico a través de elementos de gobiernos puros.

Montesquieu se interesó, sobre todo, por proponer un arreglo institucional según el cual se organizaran y, sobre todo, se distribuyeran las funciones públicas. Toda una estructura organizacional que debía estar determinada por el mejor ejercicio de la libertad que requería un Estado moderado. De acuerdo con este autor, el gobierno moderado es el que se apega a la división de poderes y a la ley, mientras que el gobierno despótico es el que opera sin leyes ni frenos.

Habría que decir que: la división del poder no significa negación de la soberanía, pues nadie puede negar que el Estado moderno sea plenamente soberano. Pero un soberano existe también allí donde los poderes están más rígidamente separados y contrapuestos. En tal virtud, lo que se divide no es el poder, sino las funciones. La separación se dio con el objetivo de no abusar del mando; por lo tanto, la preocupación no fue tanto la concentración del poder, sino que no se abusara de éste.

Como ya se había señalado anteriormente, toda transición política ya sea violenta o pacífica, es riesgosa, pues arriba al gobierno la clase política que conquistó el poder. En efecto, en el primero de los casos, la desviación de esa constitución se lleva de arriba hacia abajo, la mayoría de las veces de manera pacífica, reformando constantemente la constitución de ese Estado, siempre a favor de determinado grupo o clase social. En el otro, el cambio ocurre de manera violenta y la modificación se da a través de las armas y hechos sangrientos y va de las bases a la cúpula del poder.

De esta manera, se han llegado a modificar los gobiernos de monarquía a aristocracia; de república al modelo oligárquico, o bien, de la oligarquía a una forma de gobierno democrática. Lo anterior ha dependido del interés de la clase promotora, así como del principio político que se desee implantar.

Ahora bien, después de la alteración de cualquiera de las formas de gobierno, son diversos los mecanismos que emplean las clases en el poder para tratar de imponer al pueblo la nueva relación entre gobernantes y gobernados.

En todos los gobiernos recientemente conquistados es común que la clase dirigente trate de legitimarse, sobre todo cuando desea administrar para ella misma. Así, por ejemplo, un gobierno eminentemente oligárquico se podrá sustentar a través de una fachada democrática, sin que esa constitución pierda su esencia oligarca e incluso la reafirme. Es decir, negarse públicamente como gobierno oligárquico no le impide administrar el uso exclusivo de la ganancia, de tal suerte que con el esquema democrático se hace creer a los ciudadanos que existe igualdad entre ellos, sobre todo en lo político, aunque en lo económico no pueda ser.

Otro de los subterfugios utilizados por las oligarquías para justificarse ante los gobernados es el de crear, o bien suprimir, ciertas magistraturas o instituciones jurídicas del régimen. Así, por ejemplo, puede ocurrir que la clase oligarca desvíe una constitución monárquica, dejando al representante del Poder Ejecutivo, que es el rey, como mera figura decorativa, como sucedió en Inglaterra, así como en otros países de la Europa occidental.

Un ejemplo en relación con el tópico lo muestra Patricio Marcos (1991), en su obra *Los nombres del imperio,* al analizar el principio político que prevalece en las oligarquías estrechas. Parafraseándolo, nos enseña que estos gobiernos se encuentran sustentados en oligarquías cimentadas sobre el dinero, pero legitimados sobre una base de elementos democráticos, una mixtura constitucional con la cual se hace creer a los ciudadanos de ese Estado, y al mundo, que son países con formas de gobierno democráticas. En donde sus gobernantes dicen que existe libertad y, sobre todo, igualdad, por el solo hecho de que ricos y pobres pueden elegir a través del sufragio a sus representantes, aunque en lo económico sean las sociedades más desigualitarias (p. 385).

Por tanto, con dichas mixturas constitucionales se eleva el número de tipos de gobiernos, los cuales serán muy diversos, de acuerdo a su composición. Así, se han dado monarquías en esencia con un sustento republicano o bien, gobiernos de esencia oligarca con una legitimación democrática. De esta forma se logran conformar diferentes combinaciones, dependiendo, como ya se exhibió, del fondo y la forma de gobierno que se instaure en ese Estado.

Con lo anterior se puede observar que las formas de gobierno oligarcas, también conocidas por la teoría marxista como gobiernos capitalistas, llegan a permanecer, no por ser constituciones estables, sino porque se sustentan, la mayoría de las veces, con elementos de formas de gobierno, las más de las veces, de carácter democrático.

Por otra parte, no solamente en los modelos de oligarquías se llegan a dar mezclas de gobierno. Es evidente que toda constitución que se administra en interés de una clase tenga la necesidad de sostenerse en el poder utilizando diversos medios a través de sustentarse en el poder.

Dentro de las formas mixtas de gobierno, son conocidas por el lenguaje o la teoría jurídica como constituciones estrechas y constituciones relajadas, pero en realidad lo que se busca con estas mixturas es garantizar un consenso en la población. Ello depende de la manera como se organice la clase política en la esfera del poder.

Este equilibrio que se logra a través de las formas combinadas de gobierno evita las luchas sediciosas dentro de la ciudadanía. Es un hecho que este fenómeno de mixtura es el que sirve de sostén a la clase política en la esfera de poder. Dicha práctica es de uso corriente en los modelos de constitución en los que es necesario fortalecer al Estado que enfrenta problemas de legitimación.

Antes de concluir el apartado sobre la forma de gobierno oligarca, que privilegia a los ricos en los cargos públicos, se debe reiterar que su justificación directa proviene del principio de la ganancia sin límites, en el cual se funda la organización oligárquica. ¿Existe acaso alguna otra forma de gobierno, que someta a la esclavitud financiera, no únicamente a los pobres, sino a todas las clases sociales?

Después de arribar a la forma de gobierno democrática, como corolario a este análisis sobre la oligarquía, debo señalar que el diseño de las organizaciones de poder de este tipo, es que a mayor riqueza, mayor poder, con lo que se asegura un régimen basado en la desigualdad, sobre todo en la desigualdad externa.

Finalmente, bien se podría señalar que corresponden a estos tipos de gobiernos todas esas constituciones que fueron desbancadas de manera electoral, en no pocos países, por partidos liberales, conservadores o demócrata-cristianos, los cuales desmantelaron el Estado benefactor por medio de la reducción de las dimensiones del Estado, las mismas privatizaciones, el saneamiento de las finanzas públicas, la liberalización comercial y el freno a las reformas sociales.

Los ejemplos más destacados en esta línea fueron, en su momento, los gobiernos de Ronald Reagan, en Estados Unidos, y de Margaret Thatcher, en Inglaterra. Fue precisamente al calor de esta política económica donde hubo quienes se radicalizaron y cuestionaron a la propia democracia como una forma de gobierno que permitía un crecimiento desmesurado de las demandas sociales, en tanto que el aparato gubernamental no tenía la capacidad de respuesta para satisfacer esas exigencias. Eso fue lo que sobrecalentó las estructuras estatales, ocasionando la ingobernabilidad, ante la cual había que intervenir a toda costa para llevar a cabo la transición democrática, tan repetida ahora por sus incondicionales.

Concluyendo, se podría decir que, desde una perspectiva benevolente tras el diagnóstico respecto a varias especies de oligarquía, no hay que pasar por alto que en muchos países ha ocurrido que, aunque la constitución escrita sea democrática y su modelo social sea administrado de la misma manera, en esencia es gobernada de manera oligarca.

De ahí que, en el Libro Cuarto, Aristóteles realice toda una explicación de las diferentes especies de oligarquía, en donde explica, respecto de las cosas públicas que quedan absorbidas en la esfera del interés y el provecho de los particulares, que es cuando en los gobiernos toman parte de manera abierta todos aquellas dinastías que han adquirido una tasa de propiedad tan alta que las demás clases no pueden obtener.

En el pensamiento oligárquico con el Estado moderno, en donde es invocado el dogma de la doctrina del liberalismo, sus ideólogos afirman que el mejor gobierno es el que no existe; pero como es imposible que una comunidad todo sea privado, entonces el dogma se modifica, el mejor gobierno es el que puede reducirse a su mínima expresión, a fin de que los oligarcas hagan y deshagan a placer, para que reine el esplendor del libertinaje económico o bien el principio de la ganancia.

Es importante para el estudiante de ciencias políticas aclarar que hoy en día suele distinguirse, sin fundamento político, entre gobierno y Estado, pretendiendo otorgar una centralidad al "orden jurídico" que no tiene. Se dice entonces que mientras los gobiernos pasan, cambian y se transforman, el estado permanece idéntico a sí mismo.

Del mismo modo se ha pretendido crear una clasificación paralela a la de las formas de gobierno aristotélicas, con las llamadas formas de Estado. Se dice también que mientras aquéllas tratan de la distribución "funcional" del poder, éstas estarían concernidas con la distribución "espacial" del poder, habría entonces estados unitarios, federales y confederados. Tales distingos son insustanciales y en nada afectan la primacía de los principios políticos, causas primeras de las formas de gobierno, de las leyes y de todo lo demás. Tomando al poder como el temor a no ser reconocido como autoridad legitima.

Lo que sí revelan es el intento fallido por sustituir a los principios políticos por el derecho, cuando éste es siempre efecto de aquéllos; introducir distinciones de carácter administrativo en sustitución de las políticas, y, por si fuera poco, acabar con el concepto mismo de estado, el cual es para los clásicos Sócrates, Platón, pero sobre todo Aristóteles, una buena o mala disposición de los gobiernos respecto de las partes que componen a todo Estado.

Así como los estados de éstos muestran buenas y malas disposiciones o estados frente a las pasiones y las sensaciones, de igual forma los estados son los buenos o malos gobiernos (siempre desviaciones de aquéllos) respecto de la excelencia y la justicia hacia la sociedad toda. El Estado no es entonces un aparato o una forma jurídica o administrativa, es antes que nada un modo de ser, un género social de vida.

Quizá sea el arraigo tremendo de los prejuicios creados por los ideólogos de las "democracias liberales" posmodernas, sembrados desde hace ya cuatro centurias, primero en Occidente y luego en el resto del mundo, a lo que el marxismo calificará de democracias burguesas por originarse en los burgos o ciudades del Bajo Medioevo, le pueda dificultar al lector la posibilidad de ver con claridad por qué Platón da por descontado que las oligarquías, sin importar su gusto actual para aparecer disfrazadas con ropajes virtuosos de la liberalidad auténtica "wannabys", presumen tener exactamente de aquello de lo que carecen.

DEMOCRACIA

Dentro del análisis de las anteriores formas de gobierno y desgobierno, se ha tratado de manera paralela algunos preceptos de la democracia, sobre todo en el caso de la república, la forma de gobierno democrática se fundamenta en "el supremo poder del pueblo, donde se presume que todos administran el gobierno". En la democracia es el reino de la corrupción de la libertad, pues el ideal de la libertad democrática es una vida sin mando ni nadie ni sobra nada. Una libertad de vivir como mejor le plazca, donde Platón la asimila a una sobredosis de libertad, un libertinaje de que gozan los gobiernos populares.

La democracia es el reino de la corrupción de la libertad, su carácter seductor le viene por estar poblada de hombres surtidos, representantes de todos los caracteres y procedencias. De esta suerte, por intermedio de Platón convierte al Estado popular en un espléndido, apretujado y bullicioso mercado oriental. Los rasgos notables de este gobierno sin gobierno en el que cada quien hace su santa y regalada gana, porque en él es axiomático "mandar obedeciendo" como dicen hoy quienes profesan ser amigos del pueblo. Su secreto es que los gobernantes no pueden ser distintos a los gobernados ni lo gobernados a los gobernantes.

El análisis de la democracia está en el centro de la discusión teórica desde la antigüedad hasta nuestros días, por tal razón se dan cada día más debates políticos sobre el tema. Tal controversia actualmente se encuentra a cargo de un gran número de especialistas en la materia, así como de los propios responsables de los gobiernos de los países del mundo, incluyendo dirigencias, militantes y simpatizantes de los partidos políticos. El paradigma moderno altera del paradigma antiguo, dentro de un catálogo de las diferentes constituciones o estados. Es así como a partir del siglo XVII y en contra de la clasificación original la democracia toma el lugar de la república confundiendo en buena medida todas las demás formas de gobierno con las de desgobierno.

La polémica dentro de los propios centros académicos y periodísticos está relacionada con el análisis de esta forma de desgobierno. Pero no solamente están involucrados los especialistas en la ciencia política, sino también los estudiosos en otras disciplinas sociales, ya que la forma de gobierno democrática sigue siendo una discusión, e incluso una preocupación, constantes.

Es increíble, pero tal pareciera que la democracia es la única forma de gobierno que existió y que se administra actualmente, pues tanto los teóricos como los prácticos y hasta los que no están enterados del asunto hablan todo el tiempo en nombre de la democracia y, de manera esporádica, de la oligarquía, una forma de gobierno que irónicamente y a causa de la gran globalidad, se encuentra presente a nivel mundial. Aun así, el caso es que sigue siendo una visión dual, muy común entre el ser humano: son ricos o pobres; buenos o malos; es negro o blanco; olvidándose de toda una gama de opciones presentes y, sobre todo, que se dan en la propia naturaleza de la realidad social, pero que definitivamente son muy pocos los que las pueden observar y poner en práctica.

En esta tesitura, de la misma manera que en la antigüedad, ahora en la posmodernidad, se dan dos corrientes; la primera es aquella que justifica y se empeña en señalar que lo que hoy anuncian como "democracia moderna" es la mejor forma de gobierno y, por tal razón, es necesario que todos los países transiten hacia ella. La segunda es más unificada quizás menos entendida, pero es sin duda la que tiene la intención de aclarar el tema a discusión a través de la teoría clásica, para así poner esa forma de gobierno en su justo medio.

En este capítulo se abordará de manera sucinta el tema de la democracia moderna, preocupado por la gran inversión política, económica y académica que se ha llevado a cabo para desvirtuar este fenómeno político actual. Resulta interesante también penetrar la reflexión sobre los vínculos e intereses de determinados grupos, cuya finalidad es manosear así como tergiversar el estudio de la teoría clásica con relación a este concepto.

Se trata de analizar a todos esos sofistas modernos que, sin ninguna ética, dan conferencias a través de los medios masivos de información, escriben libros, en diarios y revistas, hablando por encargo, sobre la democracia. Esta desinformación solamente persigue fines mercantilistas con intereses perversos. Es a través de una pluralidad de imágenes y usos para el concepto de democracia que ésta actualmente es usada como sinónimo de libertad, igualdad, gobierno de mayorías en administraciones de minorías, justicia social, participación y fraternidad, entre otros.

Algunos argumentos a favor del gobierno democrático y que se escuchan a diario consisten en que todos los integrantes de la nación están llamados a intervenir en el gobierno, así como a participar para lograr un interés común. Por tanto, habrá que revisar con cuidado los aspectos o elementos de dicha forma de gobierno, con el objetivo de lograr una reflexión más profunda sobre el tema.

En este sentido, se trató de realizar un esfuerzo para ofrecer al lector algunos cuestionamientos socráticos, así como explicaciones racionales, sobre el gobierno de la democracia. A lo largo de los capítulos anteriores se han plasmado algunos ejemplos modernos y contemporáneos de esta forma de desgobierno, aunque es importante profundizar en ello, sobre todo porque actualmente cada teórico político y práctico define su propio concepto de democracia.

Antes de empezar con el análisis, cabe preguntarse ¿cómo es que la democracia ha llegado a nuestros días con tantos atributos?, porque, sin la menor duda, son características diferentes a las plasmadas por los pensadores clásicos, incluyendo a un reducido número de estudiosos modernos y contemporáneos. La respuesta a esa pregunta es el enorme desvío que han hecho de las lecturas de Heráclito, Platón y, sobre todo, Aristóteles. Se podría adelantar que ha sido a través de intrincadas vicisitudes históricas y teóricas que la democracia fue adquiriendo una serie de rasgos que, ciertamente, en su definición inicial le fueron ajenos.

Pero insisto, no han sido nuevas estas discusiones sobre la democracia, sobre todo cuando se ha tratado de gobernar y administrar a la muchedumbre. Plutarco en su obra Vidas Paralelas realizó toda una película bibliográfica del gran cabezón Pericles, contando que: cuando Agarista, la madre al dar a luz, preguntó sobre el estado del niño, le dijeron que en la conformación de su cuerpo no tenía defectos, y solamente la cabeza era muy prolongada y desmedida.[48]

---

[48]   Robert A. Dahl (1993) escribe: "Para mí, el gobierno democrático se caracteriza fundamentalmente por su continua aptitud *para* responder a las preferencia de los ciudadanos, sin establecer diferencias políticas entre ellos". Ahora bien, es increíble este tipo de definiciones de carácter personal, este tipo de definiciones que incluso han proliferado. Es lo que ha escurecido cada vez más el entendimiento teórico de las formas de gobierno.

Pericles desde muy joven se aproximó al pueblo tomando siempre la causa de la muchedumbre y su razón de ser pobres. Eso lo ayudó a labrar su seguridad propia al conformar un partido poderoso con el cual conquistó el poder para gobernar Atenas. Sin embargo, Tucídides Milesio, su crítico principal, reveló lo siguiente: "Aunque en las palabras era democrático en la realidad el mando era de uno solo" (Plutarco, 1993, p. 127). Como se podrá observar después de todos los ejemplos vertidos durante el trabajo, de hecho la forma de gobierno democrática es la que más se presta para la manipulación de las mayorías, que son los pobres.

Según Plutarco, fue bajo el poder de Pericles cuando por primera vez se dio la seducción de la plebe a través de obsequios y espectáculos masivos, con el cual se encumbró la forma de gobierno democrática. Se puede decir que de ahí viene eso de que al pueblo pan y circo. Fue ésta precisamente la causa de esa mudanza que se llevó a cabo entre el gobierno aristocrático de ese momento a otro de esencia democrática.

Al gobierno de Pericles se adhirieron grandes pensadores, entre ellos Cimón, quien, según Aristóteles, muere en Chipre al frente de una escuadra. Anaxágoras, viéndose olvidado por Pericles a causa de los muchos negocios de éste y sintiéndose viejo se empezó a dejar morir, hasta que Pericles se enteró y lo visitó para solicitarle sus aportaciones a quien replicó: "Oh, Pericles, los que han menester una lámpara le echan aceite". Con tales actitudes, algunos autores señalan que Pericles, gran personaje en la historia, encontró la forma de gobernar al final de su vida de manera republicana.

Otra más fue Aspasia, una mujer sabia de gran disposición para los asuntos del gobierno; el mismo Sócrates la frecuentaba e invitaba a mujeres para que la escucharan hablar. Cuenta Plutarco que en el "Menexeno" de Platón hay una parte de la historia que señala que dicha mujer, por su excelente oratoria, era buscada por muchos atenienses con características democráticas. Pericles sabía halagar a la muchedumbre mortificada generalmente por las guerras, por ello los paliativos casi siempre eran la distribución de dinero, sorteos y tierras para trabajarlas.

Al leer aspectos históricos como los arriba señalados, nos ubicamos en la contemporaneidad para analizar todos aquellos elementos justificadores, así como todas las legitimaciones que ha recibido la democracia, ahora con el apellido de moderna. Todas éstas son, sin duda, algunas más de sus propias desviaciones, mismas que han provenido principalmente de autores oligarcas, cuyas líneas teóricas de pensamiento han sido bien remuneradas, principalmente para todos aquellos que han adecuado la forma democrática a favor de los nuevos intereses del mundo globalizado.

Ahora bien, en la mayoría de las revoluciones armadas se tiene como motivo principal la igualdad social, una sociedad sin clases. El problema es que dicha igualdad democrática es únicamente una justificación falaz frente al Estado. Es la legitimación política ante la gran masa, donde se manosea el criterio de la justicia social, pero su expansión imperialista siempre está presente. Precisamente, una de las revoluciones de la modernidad con esas características se llevó a cabo en la Europa oriental, con la expansión socialista de la ex Unión Soviética, preservando su hegemonía sobre la base de la ideología igualitaria.

En concordancia con la premisa de la igualdad democrática, es justo comentar que históricamente se ha podido comprobar que en todas las constituciones o gobiernos donde se requiera de la legitimación siempre existirá una clase en el poder que necesite manipular de manera ideológica todas sus pretensiones o mejor dicho ambiciones de poder. Como el lector habrá deducido, se trata en este caso de la forma de gobierno democrática, donde la igualdad, lo mismo que la libertad, es preconizada en desgobiernos como el que se está analizando.

Un punto relevante para ser considerado por el lector, es el siguiente: ahora la democracia es tomada como moda, donde a toda participación social, principalmente en los procesos electorales, se le califica con el epíteto de gobierno democrático. Han sido algunos autores sin escrúpulos, o quizás sin el conocimiento del tema, los que han cambiado un principio político por otro y, sin ningún sustento teórico, lo legitiman de manera demagógica a favor de unos cuantos, e incluso utilizan el sufragio como método político, como si fueran representaciones teatrales, ahora sobre la base del *marketing* político, pero tal vez también como simples formalismos disfrazados por una oligarquía que disimula su esencia de clase.

Dicho lo anterior, se puede afirmar que mediante el engaño político y, por tanto, ideológico, la democracia moderna se encuentra actualmente representando al gobierno de Péneles. La práctica generalizada dentro de esa forma de gobierno democrática es la manipulación y la explotación general, un esquema cotidiano de los comportamientos justificados por parte de estos teóricos posmodernos.

José Woldenberg (2002), en su ensayo "Consolidación democrática y cultura política" patentizó: "El votar por los representantes del pueblo es de ciudadanos capaces de asumir su papel activo en una sociedad democrática". Sin duda, así es, pues precisamente éste es el tipo de manipulación que se realiza, de la cual la gran comunidad se retroalimenta de manera constante. Estos son algunos de los requisitos subjetivos que logran la legitimidad, no solamente de aquellos que van a representar al pueblo, sino también de los intereses de la clase en el poder. Difícil es aceptar que la democracia sea la mejor forma de gobierno, como lo han venido publicitando en los últimos años, pues son las propias transiciones políticas las que desmienten dicha tesis.

En el mismo texto, el presidente del IFE comentó: aceptar los derechos de los que piensan de otro modo es el primer paso para construir una cultura política democrática. Al respecto, se le olvidaron al maestro las manipulaciones y desviaciones originadas en las asambleas estudiantiles y sindicales realizadas en la Facultad de Ciencias Políticas y Sociales con respecto a los objetivos que perseguían.

A nivel macro, se pueden recordar las grandes asambleas del buró político de la ex Unión Soviética, en donde incluso las abstenciones eran tomadas en contra y, por tanto, había que purgarlas. Sin duda, como ya lo había afirmado Aristóteles, la democracia de asamblea es la más perversa, pero la de la ley también.

La democracia siempre será centralizada por un grupo o partido, la cual excluye a las minorías. Preguntémosle a los cubanos o a todos aquellos que vivieron en el bloque socialista en su momento, como por ejemplo Rusia, Bielorrusia, Ucrania, Moldova, Letonia, Lituania, Estonia, Bulgaria, Hungría, Polonia, Rumania y otros más.

A raíz de la transición política del bloque socialista en el otoño de 1989, con la desaparición de la Unión Soviética en 1992 y la creación de la Comunidad de Estados Independientes ese mismo año, la mayoría de los países que durante muchos años fueron aliados ideológicos de los exsoviéticos en el experimento socialista tuvieron que transitar a la forma de gobierno oligarca desde la democracia para sobrevivir en un mundo dominado por el libre mercado. Es decir, estos países debieron abandonar la planificación centralizada, el método intensivo de trabajo, la división socialista del trabajo y el internacionalismo proletario, todo ello sobre la base de la democracia popular, para encaminarse hacia el libre comercio oligárquico.

En ese sentido, entre los países que menos sufrieron el shock de ese ciclo político, en virtud de sus raíces o esencia oligarca que les habían sido arrancadas por la URSS a lo largo de la primera mitad del siglo pasado se encuentran, principalmente, los de Europa Central, como son: Polonia, Hungría, la ex República de Checoslovaquia, la hoy desaparecida Alemania Democrática y la ex Federación de Yugoslavia.

Polonia jugó un papel preponderante respecto a los demás países en cuanto a esta mudanza política que impactó al mundo contemporáneo, cuyo control e influjo en la región estuvo a cargo de la ex Unión Soviética y se inició después de terminada la Segunda Guerra Mundial, cuando el ejército Rojo liberó a ese país de la ocupación alemana. Posteriormente se dieron los acuerdos para los repartos de territorios en cuestión por parte de los dos imperialismos: "el capitalismo", u oligarquía, y "el socialismo", o democracia. Sobre todo, una vez derrotada Alemania, fueron estos socialistas rusos los que avanzaron sobre los estados mencionados, expandiendo su poder hasta la frontera de los germanos.

El Estado polaco fue precisamente con más experiencia en cuanto a sacudirse invasiones, además de contar con más territorio; todo ello resultó ser el punto estratégico para dar fin al imperialismo soviético. Pero Polonia, sin el apoyo oligárquico exterior quién sabe hasta donde hubiera podido llegar. Sin embargo, la noticia sensacionalista de que Karol Wojtyla había sido elegido el Papa de los cristianos, causó una gran sensación, no solamente en Polonia sino en todo el mundo. El libro de los periodistas Carl Berstain y Marco Politi (1996), ya citado anteriormente, realizó un recuento pormenorizado del papel que jugó el Estado Vaticano. Estos autores sostienen la tesis de que la figura del Papa fue determinante para la destrucción del *Imperio* Soviético. Según ellos, Juan Pablo II y Ronald Reagan, presidente angloamericano, conformaron una alianza de intereses que terminó con el modelo socialista y, por tanto, con el imperialismo democrático (p. 613).

De acuerdo a un gran número de textos consultados, se sostiene que la transformación de Polonia, quizás junto con Hungría, ha resultado ser la más efectiva de la región. Sin embargo, los analistas confunden dicha transición política, pues la mayoría lo señala como una transición democrática, por el solo hecho de pasar de un partido único a un sistema pluripartidista y de una economía planificada por el Estado a un modelo de libre mercado. En la práctica, no puede ser verdad tal razonamiento contradictorio, pues Polonia, al aceptar el modelo liberal, aceptó *de facto* la forma de gobierno oligarca, abandonando la tiranía democrática.

A lo largo de más de una década, Polonia atravesó una época de grandes conflictos externos e internos, mismos que afectaron grandemente a la población polaca. La dirigencia del Partido Obrero Unificado de Polonia, POUP, continuaba con una dependencia crucial con los soviéticos, lo que hizo que las relaciones se tensaran de manera peligrosa, al grado de imponer un régimen militar con la intención de evitar una intervención directa de la URSS a través de las tropas del Pacto de Varsovia. Pero fueron las huelgas de los propios obreros que se reactivaron en 1988, bajo dos fuerzas sociales, la Iglesia católica y el Sindicato Solidaridad, *Solidarnoc,* los protagonistas al alentar las reacciones violentas y pacíficas dentro y fuera de Polonia.

Fueron las protestas de los obreros organizados, junto con la actitud del nuevo gobierno de la URSS, a cuyo frente se encontraba Gorbachov, el que llevó al final a la mesa de negociaciones a Walesa, líder del movimiento y a sus consejeros para negociar y firmar los acuerdos de la Mesa Redonda.

A partir de entonces se realizaron algunas modificaciones estructurales; el régimen presidencial cambió por un modelo parlamentario. Ahora el Poder Ejecutivo debe ser nombrado por el *Sejm* (Parlamento), sobre todo el Senado. La participación de la ciudadanía incrementó a partir del sufragio, donde la agrupación de Solidaridad representa el 35% de los escaños en el Parlamento y 99 del 100% en el Senado, dentro de una composición política en la cual está representada por militantes de la socialdemocracia, liberales, conservadores y demócratas cristianos.

Quizás con este somero recorrido histórico por Polonia el lector pueda sacar sus conclusiones e ir aclarando el panorama respecto a las transiciones democráticas, un término socorrido en la contemporaneidad pero que nos enreda, sobre todo cuando se toman únicamente las partes, confundiéndolo con el todo.

Patricio Marcos (2010) desenmascara una serie de aspectos ideológicos de la actual justificación teórica al acotar: "No existe algo más equivoco que identificar a las elecciones con la democracia, además de todo ese cortejo de palabras que acompañan a esa visión actual al respecto como son: libertad, igualdad, diálogo, participación, pluralidad entre otros epítetos con los cuales lo único que se logra es oscurecer la realidad política".

El error contemporáneo que se ha tratado de aclarar durante la investigación es precisamente la alteración de la Teoría Política clásica, sobre todo de sus categorías. El maestro continúa diciendo: "El sufragio no es el método democrático para designar a los funcionarios públicos. Ya que la sola elección supone una preferencia, lo cual contradice el principio democrático, mismo que tiene como base la igualdad, y la elección requiere iguales entre desiguales, por tanto toda elección pertenece al modelo oligarca" *(Marcos, 1991, p. 17).*

Pero lo más difícil es resolver el problema ideológico, al tratar de explicar la igualdad, pues no todos la entienden de la misma forma; es de acuerdo al principio político de cada cual como se puede considerar el concepto de igualdad. Por ejemplo, en el caso del oligarca lo justo y lo igual consiste en distribuir los premios según sean los méritos, en donde el que más aporta de lo suyo, más poder recibe. En cambio, los democráticos dejan de lado los merecimientos para tomar en cuenta únicamente el número, donde cincuenta y un individuos ganan y le imponen sus condiciones a cuarenta y nueve, sin tomar en cuenta las cualidades de ninguno de ellos.

Antonio Gramsci (1975) habló sobre el origen del sentimiento de igualdad, todo ese concepto y justificación que siempre ha manejado el género humano. Pone el ejemplo de que todos nacen del mismo modo, o todos hemos nacido desnudos, entre otras características más, una igualdad que ha sido buscada por muchos, pero también sustentada ideológicamente por un sinnúmero de intelectuales con diferentes principios políticos, así como un buen número de interpretaciones tontas e incluso mezquinas (p. 45).

Platón, en el Libro VII de *La República,* expone que es atroz, además de perjudicial para el Estado, que no existiera quien pudiera obedecer ni mandar. Por ello es que la libertad no puede entenderse como igualdad numérica, ni se puede poner al mismo nivel al rico como al pobre, sobre todo cuando éste último entiende la libertad como la facultad de vivir como mejor le plazca, en un medio social en donde se deje hacer y pasar todo tipo de acciones políticas y, sobre todo, económicas.

Antes de continuar en el análisis de los elementos que se manejan de manera muy suelta sobre la democracia, me permito recordar el Capítulo XXI del libro *Leviatán,* de Hobbes (2001) en 1651, habla sobre la libertad de los súbditos, la cual la define de la siguiente manera: "la ausencia de oposición es un hombre libre quien en aquellas cosas de que es capaz por su fuerza y por su ingenio, no está obstaculizado para hacer lo que desea".

Después de todo ese recorrido, se puede decir que la igualdad democrática es el principio que debe determinar el mismo trato a todos por igual. Al retomar nuevamente el aspecto político, se puede afirmar por tanto que será el elemento aleatorio, el modelo por excelencia para escoger a los representantes de todo poder político, o bien para distribuir los encargos públicos. Quizás, si avanzamos un poco más sobre el análisis de la forma de gobierno democrática, se podrían ir aclarando todos los aspectos que no son aceptados, pero tampoco leídos, por esa gran mayoría que está a favor de la democracia moderna.[49]

Para entender la forma de gobierno de la democracia, se debe tener la claridad de todos los aspectos constitucionales de carácter popular. Según

---

[49] Platón (1971) dice: "Nace la democracia, cuando los pobres, victoriosos de sus contrarios, matan a unos, destierran a otros, y comparten la igualitariamente con los que quedan en el gobierno y las magistraturas, suelen cubrirse por sorteo".

la teoría clásica, existen cinco clases de democracias. Todo depende del tipo de comunidad que la implante y, sobre todo, cómo se instaure, pues bien puede ser la clase campesina, cuyos pobladores se dediquen a la agricultura, o bien sean los obreros apoyados por jornaleros y una clase militar cuyas huestes se hubieran creado en el movimiento de la transición política.

En muchas ocasiones, durante este proceso de conquista de poder sucede lo mismo que en el gobierno oligárquico, donde el grupo o la clase social una vez en la cúspide se empeñan a toda costa a favor de la acumulación y ganancia, olvidándose de todas las demás. Es precisamente la corrupción de ese modelo oligarca la que casi siempre lleva al Estado a la guerra civil, donde a las clases pobres, ya sean urbanas o campesinas, lo único que les queda es morirse en la represión o conquistar el poder.

Son comúnmente las revoluciones armadas las que engendran las democracias, pues éstas nacen cuando triunfan los pobres, asesinando a unos y desterrando a otros, justificando dichos actos bajo la bandera de la igualdad. Es por ello que los estados gobernados democráticamente conducen al ostracismo, pues éstos son considerados adictos a la igualdad por encima de todas las cosas.

Estos valores, que son manejados para justificar o explicar la democracia moderna, la cual indica una serie de valores, como pluralidad, diversidad, respeto, participación y tolerancia, no son parte de los principios políticos de la democracia ni exclusivos de ésta, pero sí contrarios a cualquier tipo de tiranía. En ese caso, dichos esquemas son un paliativo importante para una mejor convivencia, pero en definitiva éstos no son parte de la forma de gobierno democrática.

La definición que realizó Platón del principio político del hombre democrático es fulminante para todos aquellos legitimadores de la democracia moderna y tergiversada. Él la precisa como el camaleón de la sociedad humana, pues éstos identifican o confunden la libertad con la ilegalidad o libertinaje, la igualdad ante la ley con el desorden. Los demócratas son libertinos mezquinos, insolentes e irrespetuosos de la ley. Platón (1971) indica: "Es un régimen, por lo que puede verse, placentero, anárquico y abigarrado, que dispensa, indistintamente una especie de igualdad tanto a los iguales como a los desiguales."

Un pueblo que quiere permanecer libre tiene, pues, el derecho de exigir a toda costa se le respete. Pero no se puede dejar de admitir que la libertad ilimitada de asociación en materia política es, de todas las libertades, la última que un gobierno podría aguantar. Sin duda, todo ello ocurre en la lógica democrática, donde se manipula la igualdad de aquellos que no tienen, para erigirse sobre ellos todo un espectro ideológico sobre la libertad. Pero no la libertad oligarca que es contraria, en donde existe una idea, hasta teológica, de un *Dios universal* que nos enseña que todos somos iguales ante Él, mismo que será punto de referencia para la libertad, definida como iguales en lo político, más no en lo económico, lo cultural ni lo social.

En el planteamiento general de este trabajo no se excluye el análisis cínico de los ideólogos democráticos y oligarcas que manejan los valores revolucionarios a través de aspectos, hasta exagerados, de los tiempos y edades más tempranas de la humanidad, en donde se rescatan todas las ideas teológicas de sociedades pobres, pero virtuosas, haciendo a un lado la vana ambición, donde es mejor ser pobre, pues éstos tendrán las puertas del cielo abiertas. Es ésta, sin duda, una manipulación malvada de la tiranía del dinero con patente imperial.

Es conveniente nuevamente recordar que la tiranía bien puede ser de uno, de pocos o de muchos, es decir en cualquier forma de gobierno de desgobierno se da este fenómeno. Por ello, el pasaje de la democracia a la tiranía se produce fácilmente, sobre todo cuando surge un jefe o líder popular que sabe cómo aprovecharse del antagonismo entre los oligarcas y los pobres democráticos.

Ante tales razonamientos, es conveniente analizar los aspectos cualitativos del oligarca y el democrático pues, mientras que el primero abusa de su mezquindad y la acumulación, el segundo se distingue por su prodigalidad, lo cual es un defecto de ambos en el uso de la riqueza. Para el caso del democrático, la critica es que, en virtud de su esencia, éste lleva una vida irreflexiva, gastando para sus desórdenes y dilapidando su patrimonio o bien el de todos. Goethe, en su novela *Fausto*, plantea un problema fundamental de enajenación y apropiación política al desarrollar una crítica a la prodigalidad, afirmando que el pródigo es capaz de dar la riqueza (Pluto) al que le falta. De esa manera, Mefislófeles da a Fausto la tierra de los campesinos que él codiciaba.[50]

Los medios empleados en los movimientos democráticos para llevar adelante una revolución son la fuerza pero también el fraude o el engaño por parte de sus demagogos. La fuerza se utiliza cuando los cabecillas

---

[50] Al respecto, Karl Marx señala que Mefislófeles es el medio inconsciente de la salvación de Fausto, pues "infiere a éste el poder alienador y alienado del dinero y de las cadenas de la *servidumbre*, mediante cuya superación, según la dialéctica marxista del amo y el esclavo, podrá emanciparse el proletario" (Marx, 1985, p. 404).

del movimiento ejercen inmediatamente la coacción, desde el inicio de la revolución, o bien más adelante, e incluso, en determinado estadio del movimiento social, llegan a modificar la constitución, sobre todo cuando ya tienen la posición del gobierno.

Estas son herramientas utilizadas, principalmente, por los revolucionarios demagogos, quienes muchas de las veces calumniaron a la gente en el poder, sobre todo a los ricos, con la finalidad de confiscar sus bienes. Pero una vez en el poder, se comportan igual o a veces peor, por las constantes vejaciones que realizan en nombre de la revolución, pero sobre todo por la idea de la igualdad entre todos, como si ésta fuera un mérito universal.

Respecto al mérito de la igualdad, el gran estagirita publicó que ésta se mide respecto al interés del principio político de cada clase. Así, los demócratas la colocan respecto a la libertad; en cambio, los oligarcas la ven en razón del dinero y los aristócratas en la virtud o la nobleza de cuna.

La igualdad deberá ser proporcional porque de otra manera es injusta; hay quienes piensan que lo justo es la igualdad, aunque no para todos, sino para aquellos que son iguales. En Cuba, país democrático, esto se empezó a entender así recientemente para solucionar dicha amenaza sobre la igualdad. La solución fue actuar a través del principio republicano, donde el mejor en su ramo podrá ser desigual entre los iguales. De esa manera, los deportistas, artistas, científicos, políticos o aquellos que se distinguen tienen cierto reconocimiento respecto de los iguales, que son la mayoría.[51]

Dentro del mismo tenor de la igualdad y la justicia democrática, en el poder soberano del Estado donde la muchedumbre tiene el poder, éstos se aprovechan por ser mayoría para tomar las propiedades de los ricos y dividirlas. Quizás para los muchos eso es justo, pero no para los demás pues, cuando los primeros ocupan o despojan a las mayorías, eso se toma como injusto. Ambas cosas descritas son, en efecto, exactamente lo mismo.

Es importante rescatar los hechos históricos de la humanidad y, desde los primeros filósofos presocráticos, los teóricos políticos han sostenido que las desigualdades extremas contribuyen a las transiciones políticas, cuyos gobiernos, las más de las veces, tienden a la democracia, cuya igualdad hegemónica consecuentemente se vuelve tirana.

Antes de continuar, es conveniente recordar que existen cinco clases de democracia estudiadas y escritas por Aristóteles (1982), a saber:

---

[51]   Aristóteles (1982). "*Tratados de la Ética Nicomaquea*", Libro Quinto, Capitulo 3. El autor desarrolla el tema de la igualdad, así como la justicia distributiva.

La primer clase de democracia, por tanto, es la que corresponde con mayor rigor a la idea de igualdad. Pues la ley, en esta dase de democracia, llama igualdad a aquel estado de cosas en que los pobres o los ricos no tienen ninguna clase de ventajas o preferencias y en que ninguno de los dos grupos detenta la soberanía, aníes ambos se mueven en el mismo plano.

Otra especie es aquella en que la atribución de las magistraturas depende del "censo", siendo empero ese censo poco elevado; por lo demás es necesario que el que posea censo exigido tenga la posibilidad de participar del gobierno y que el que pierda tal censo deje por ello mismo de tener parte en el gobierno.[52]

Otra clase de democracia es aquella en que todos los ciudadanos que son libres por nacimiento participan en el gobierno, pero es la ley la que gobierna.

La cuarta especie es aquella en que todos participen de los cargos del gobierno por la simple cualificación de ser ciudadano, pero que sea la ley la que gobierne.

Otra especie es aquella en que siendo idénticas todas las demás reglamentaciones, la multitudes soberana y no la ley, y esto tiene que ver cuando la asamblea desborda la ley. (p. 821)

Entre las formas o especies de democracia enunciadas, según el estagirita, la más perversa es cuando los decretos de la ley aplastan la asamblea, aunque en todos los Estados de régimen democrático se encuentran presentes los demagogos. Homero señaló, refiriéndose a la democracia, lo siguiente: "No es ningún bien el señorío de la multitud".

Desde los tiempos más remotos hasta la contemporaneidad es frecuente confundir a la democracia con la sola fuerza del número, es decir, tomar únicamente el aspecto cuantitativo, sin considerar el cualitativo. Asimismo, es común que se utilice la etimología de la palabra democracia, *demos*, barrio o pueblo, y *cratos* poder, el poder del pueblo. Sea la que fuere la traducción que se haga del término griego, todo ha sido utilizado como falacia y no alcanza a explicarnos la forma de gobierno democrática.

Por todo lo anterior, es importante analizar de manera cuidadosa los aspectos cualitativos o principios políticos de las formas de gobierno,

---

[52] Es decir, de la declaración y registro de propiedad, pero basta con un índice mínimo de propiedad para tener derecho de participar en el gobierno.

herramientas teóricas con las cuales se podrá reconocer la esencia o naturaleza de cada una de éstas.

Al tocar solamente los aspectos cuantitativos no se hace extraño, entonces, que a un buen número de científicos sociales, se les haya hecho costumbre, desde hace muchos años, identificar la democracia con la fuerza del número. De ahí la importancia de arribar a la lectura de los clásicos, en este caso de Aristóteles (1982), quien ya condenaba la definición de ésta que toma únicamente la cantidad, por lo cual puede leerse: "No es exacto definir la democracia, como algunos lo acostumbran en la actualidad, simplemente como aquella (organización) en donde la multitud es suprema, pues incluso en las oligarquías y en cualquier otra, la mayoría es soberana o suprema".

Es curioso, pero lo que ahora consideramos como instituciones propias de la democracia, vale decir, las elecciones y los partidos políticos, en ese entonces eran calificados como ajenos a ella. Las elecciones más bien se hacían corresponder con la oligarquía, ya que así se escogía a los mejores o más ricos entre los desiguales, pues las tasas de propiedad de aquéllos eran tan altas que las mayorías no las alcanzaban, un principio político que sí admite preferencias.

En los gobiernos democráticos los cargos públicos bajo el imperio de esta forma de gobierno son un influjo desastroso, sobre todo cuando el poder popular ejerce tomas de decisión respecto a la administración de ese Estado. Para este caso, Alexis de Tocqueville (2001) expuso lo siguiente:

> En la antigüedad, el tesoro público se agolaba al socorrer a los ciudadanos indigentes al proporcionar juegos y espectáculos al pueblo [. . .] Es cierto que hasta aquí, en todas las naciones del mundo, el mayor número ha estado siempre compuesto de aquellos que no tenían propiedad, o de aquellos cuya propiedad era demasiado restringida para que pudiese vivir cómodamente sin trabajar. El voto universal ayuda, realmente, al gobierno de la sociedad de los pobres. (p. 225)

Este es uno de los puntos más interesantes y controvertidos de la democracia, sobre todo si se parte del principio de igualdad, donde cualquiera puede ser el elegido para ocupar los cargos públicos, Se podría practicar dentro de una gran convención de ciudadanos, sin divisiones internas, a través de un sorteo; esa sería la forma para asignar la mayoría de los cargos públicos pues, si todos somos iguales, no tienen porqué existir los sufragios, ya que cualquiera puede ser gobernante, cosa que sería más que imposible, especialmente en las mal llamadas democracias modernas.

La pregunta es: ¿cómo y cuándo empezó a darse ese proceso democrático? Fue acaso en la época moderna, cuando la empezaron a utilizar los partidos políticos, aun dentro de sus asambleas o congresos partidistas, los cuales están integrados y manipulados, a su vez, por sus facciones políticas, donde se accedió a este concepto para obtener los encargos políticos y públicos. Es un hecho que fue a través del voto directo como se manipuló a la asamblea, viciándose así la elección de los llamados candidatos, los cuales posteriormente estarían al frente del gobierno.

Pero, históricamente, el pensamiento político ha señalado que, en la democracia, el hombre pronto abusa de la libertad y la transforma en libertinaje. Es ésta, sin duda, una conducta licenciosa que trastoca las leyes, en la cual, ya sin freno alguno, los individuos se convierten en una masa amorfa que se vuelve insolente y arbitraria. De ahí la gran inversión política, económica y social de los procesos electorales que evitan problemas graves, aunque en el caso de los EE.UU., después del último proceso electoral en 2001, los analistas confesaron que habría que empezar a modificar dicho proceso electoral, en virtud del problema que se presentó en la votación. Puedo asegurar, en relación con cualquier innovación de parte de los angloamericanos, que un gran número de los actuales ideólogos de no pocos países globalizados tendrían que modificar sus esquemas justificadores.

Ese poder supuestamente debería emplearse con prudencia en las transiciones "democráticas modernas", con la finalidad de evitar que sea utilizado para externar rencores y venganzas entre las clases antagónicas. Es seguro que el populacho desenfrenado, ya sea dentro de una asamblea o sociedad sin una cultura política adecuada, terminen por arrasar todo a su paso. Éste es un desgobierno donde la corrupción siempre está presente, pues la democracia permite que no existan responsables visibles, ya que las mayorías no tienen rostro, lo que significa pérdidas para todos y privilegio para unos cuantos, que son aquellos demagogos que han entretejido lucrativas amistades y alianzas negociadas atrás de las bases o del pueblo mismo.

En la democracia no existen responsables, sobre todo cuando las cosas salen mal, pues la decisión ha sido aparentemente de todos; por tanto, todos somos culpables, aunque la propuesta casi siempre es de unos cuantos.

Respecto a las leyes sucede lo mismo, con las consecuentes complicaciones propias del ser humano, basado en su principio democrático. Así como algunas veces, la extrema libertad corrige abusos de la propia libertad, la extrema democracia previene los riesgos y peligros de esa democracia. El hombre, como un ser apasionado por la guerra, no mide peligros y tampoco existe obra, por insensata que ésta sea que no pueda realizar hasta derribar al propio Estado a través de una revolución, en la cual esos individuos de esencia democrática irían dichosos a morir con las armas en la mano.

En consecuencia, debemos preguntarnos ¿qué es lo que produjo que los sufragios se llegarán a transformar, no únicamente en un sencillo mecanismo democrático, sino en la estrategia principal? En el siglo XVII, James Harrington (1987), en su libro *La república de Océana,* comentó acerca de cómo tradicionalmente los sufragios habían pertenecido al esquema de la aristocracia, pero descubrió la clave por medio de la cual dichas elecciones fueron más utilizadas en la oligarquía. Esa clave fue su repetición periódica, la manera con la cual que se podía cambiar y enjuiciar constantemente por medio del voto. Ello podría funcionar con los gobernantes, al retirar o refrendar su confianza, y así incidir, aunque de manera indirecta, en la conducción de los asuntos públicos.

Harrington dice que la relación entre el voto y la rotación bien podría no darse, pero, en el caso de un gobierno con una mixtura de república-democrática, es ese enlace entre ambos lo que la hace indispensable, aunque la rotación pueda existir sin que se vote y el voto sin rotación en el hombre es una votación poco entendida.

El señalamiento anterior es de gran importancia porque, como bien sabemos, las llamadas democracias modernas no son otra cosa que gobiernos con esencia oligarca con esquemas justificativos de democracia, mismos que se encuentran sobre la base del sufragio y la representación. Ello fue lo que abrió paso y justificó doctrinariamente el nexo que hoy nos parece imprescindible entre democracia, elecciones y rotación de los cargos públicos.

El procedimiento es el siguiente: todos los cargos de representación y la titularidad del Poder Ejecutivo duran un tiempo determinado. Los electores, con su voto, ratifican o retiran su apoyo al partido en el poder, el cual, en el caso de ser ratificado, manda a otros de sus integrantes a ocupar esos puestos de acuerdo con la medida establecida. En caso de no ser ratificado, otros partidos, según las disposiciones electorales, asumen esos cargos o un porcentaje en ellos. Si tan sólo hubiese votación, pero no rotación en los puestos, la supuesta democracia no podría realizarse, ya que los propios lazos entre la república y la democracia siempre habrían quedado establecidos.

Immanuel Kant, quien adoptó un esquema *sui generis* para diseñar su tipología de las formas de gobierno, analizó, en este caso únicamente, la democracia y la república, señalando que la tradición republicana y la democrática han tenido divergencias y convergencias, pero un asunto al que se enfrentaron en común fue la objeción de que su aplicación sólo se podía dar en Estados de pequeñas dimensiones pues, para los más amplios, deberían ser convencionalmente administrados a través de monarquías. No obstante, la fórmula permitió la aplicación de la mixtura república-democrática en naciones con territorios mayores.

Por otro lado, los juristas, a través de la figura del federalismo dentro del Estado moderno, definieron qué se entiende por república federal. La reunión de dos o más estados que integran una soberanía nacional, a los que se deja la capacidad de elaborar sus leyes internas, tener instituciones locales de carácter político y otros atributos. Luego entonces, las repúblicas federales suelen tener dos tipos de representación: la de los ciudadanos, en la Cámara de Diputados, y la de los Estados de la Federación, en el Senado.

Pero retomemos nuevamente el aspecto de la igualdad, el cual es un aspecto poco entendible por muchos, sobre todo porque son pocos los seres humanos que aceptan la desigualdad por nacimiento. Una de las tendencias de la pretensión demócrata consiste en reclamar un trato igual en todos los aspectos, por la sola razón de la igualdad debida al nacimiento libre. Para el caso, Alexis de Tocqueville (2001), demostró en sus escritos que esa igualdad completa se escapa todos los días de las manos del pueblo en el mismo momento que cree retenerla, y dice Pascal, el pueblo se irrita en busca de ese bien, tanto más precioso cuanto que está bastante cerca para ser conocido y bastante lejos para no ser aprovechado (p. 215).

Patricio Marcos (2010) en su *Diccionario de la Democracia*, de manera irónica cuestiona el error en pensar que todos nacemos igualmente libres. Nos dice en su obra que: "El hecho de que todos contemos con nariz que nos permite respirar no quiere decir que seamos iguales". Lo que está fuera de proporción dentro de lo justo es que los ricos pretendan aprovechar dichas circunstancias para obtener el poder y subyugar a los pobres.

La pregunta dentro de este contexto es cómo se determina entonces que un gobierno sea o no democrático. Dentro de la comparación cualitativa y por nacimiento, las diferencias concretas son: a) la riqueza material de los ricos y la pobreza material de los pobres; b) que los ricos suelen ser pocos y los pobres muchos; c) que en tanto que el rico es mejor nacido, el pobre, aunque peor nacido que el rico, también es de nacimiento libre. Pero, entonces, ¿cuál es la importancia del nacimiento? No es lo mismo nacer esclavo que pobre pero libre, o libre pero además rico. Eurípides sentenció que cuando los cimientos del linaje no se han establecido correctamente, es fuerza que los descendientes sean desgraciados.

Por lo anterior, se puede asegurar que la pobreza de los muchos impulsa a la gente a adoptar medios desesperados para satisfacer sus necesidades, sobre todo cuando la prosperidad surge de la abundancia y la acumulación de la riqueza. Platón y Marx coincidieron en que sólo un sistema comunista que no deje lugar ni a grandes necesidades ni para excesivas riquezas podrá reducir los intereses económicos y, al mismo tiempo, garantizar la armonía de las clases. De acuerdo a las lecturas de Platón, se puede decir que éste no confiaba en el equilibrio de las clases sociales.

Frente a este tipo de argumentos, todos aquellos que se han identificado con el también llamado gobierno popular admiten que, a todas luces, la democracia no es la mejor forma de gobierno, sobre todo cuando los propósitos que se persiguen son la eficiencia y el orden. Cuando se plantea el problema político bajo el dilema: orden o anarquía y se desea un Estado con orden pero, sobre todo, eficiente, los clásicos señalaron que los más adecuados son los gobiernos regios. Pero, desafortunadamente, no se trata de gustos o sugerencias, sino de la dase social que detenta el poder, que es la que decide qué tipo de gobierno los va regir.

El lector podrá recordar que, teóricamente, el voto no es parte del método democrático para designar a los funcionarios públicos, ya que, como ya se señaló, la elección supone preferencia, elemento contrario a la esencia igualitaria democrática. Sin embargo, es curioso cómo en la actualidad esa preferencia pertenece a las formas de desgobierno que tienen una desigualdad jerarquizada.

En el último siglo se ha llegado imponer, a través de un buen número de teóricos sociales especialistas, que todos los países con gobiernos con un alto grado de plutocracia sean tomados como democracias occidentales. A manera de ilustración, una vez más se puede citar el caso base, que son los EE.UU., mismo que es, sin duda, el fenómeno más amplio de esta bestialidad intelectual, pues el gobierno oligárquico estadounidense no es una democracia, como se ha querido mostrar al mundo.

Sin embargo, como ya se mencionó, el principio político del gobierno de los EE.UU. tiene un fondo eminentemente oligárquico con elementos democráticos, una mixtura que obedece a ambos principios. Tanto teóricos políticos como juristas coinciden en que dichos gobiernos con constituciones mixtas cuentan con más estabilidad que aquellos que tienen una constitución simple. Sin duda, el tema de la democracia constituye en la actualidad un dolor de cabeza para teóricos y prácticos del quehacer político. El de las categorías de las llamadas democracias occidentales es un tema que ya ha sido estudiado, pero que continúa presentando graves errores de conceptualización.[53]

Dentro de las justificaciones de tipo primario de las llamadas democracias occidentales se encuentra a autores como Hans Kelsen, quien dijo en su momento que cuando las decisiones fluyen predominantemente de arriba hacia abajo se tiene una autocracia; cuando ellas proceden preferentemente de abajo hacia arriba se tiene una democracia. Otra pauta es que hay una autocracia cuando los que obedecen a las leyes no participan en su creación, en tanto que hay una democracia cuando las mayorías se apegan a la leyes, sea directa o indirectamente, sin participar tampoco en las creación de ellas.

Por deducción lógica, el más alto grado de autodeterminación democrática se tendrá cuando haya perfecta concordancia entre la voluntad colectiva y el deseo de cada individuo. Pero éste es un ideal difícil de lograr y que solamente los demagogos pueden justificar al convencer a todos de los beneficios de la democracia, aunque por unanimidad se puede decir que todas y cada una de las múltiples justificaciones y determinaciones que toman están fuera de toda lógica.

Los gobiernos democráticos son reprochados por su alto índice de corrupción, ya que, cuando los democráticos llegan a gobernar los asuntos públicos lo único que desean es el poder; los hombres de Estado que, en su mayoría, carecieron de lo mínimo, lo primero que hacen es hacerse de una fortuna. Si bien en las aristocracias los gobernantes tienen un gusto moderado por el dinero, lo contrario sucede en las democracias, pues la corrupción se da entre ellos por la avaricia. Hay un adagio muy viejo que reza lo siguiente: "Tiene más el rico cuando empobrece que el pobre cuando enriquece".

---

[53] Sin duda, uno de los hechos políticos más relevantes del presente siglo fue la caída del bloque soviético, gobiernos democráticos también conocido como socialistas. Este derrumbe fue importante para la democracia como forma de gobierno porque después de la Segunda Guerra Mundial, en la que fue derrotado el nazismo y el fascismo, se produjo una tensa polaridad entre los gobiernos oligárquicos, autollamados "democracias occidentales" y, los demás países del bloque socialista.

Por las razones arriba señaladas, en los gobiernos donde se administra sobre la base de la democracia, el simple hecho de que los ciudadanos que tuvieron una vida paupérrima y lleguen a sobresalir entre todos sus iguales excitan la ambición de los demás. Se crea entonces un clima de odio y envidia, e incluso de intriga, entre esa comunidad; quizás por ello exista un control político exagerado en ese tipo de gobiernos.

El método democrático más practicable en ese tipo de gobiernos es el del principio de mayoría simple. Ese principio, sin embargo, debe ir acompañado del respeto por las minorías y el reconocimiento del derecho que éstas tienen si los electores deciden transformarse en mayoría. Pero esta dinámica de mayorías y minorías está íntimamente relacionada con la existencia de los partidos políticos.

Al respecto, Kelsen hizo una afirmación por demás interesante de analizar cuando señaló: la democracia sólo puede existir si los individuos se reagrupan de conformidad con sus afinidades políticas, con el objeto de orientar la voluntad general hacia sus fines políticos, de manera que entre el individuo y el Estado se inserten las formaciones colectivas que, como partidos políticos, reasuman la igual voluntad de los individuos.

Un rasgo fundamental de la llamada democracia moderna se observa cuando ese gobierno hace que la comunidad se organice en partidos políticos con sus candidatos, programas de gobierno y propuestas políticas que compitan igual o como si éstas fueran comunidades abiertas. De lo que se trata es de evitar la violencia; por ello será a través del mecanismo de voto que se ocupen los distintos cargos de elección popular en los diferentes niveles de gobierno.

Los defensores de estos esquemas, recordemos una vez más el caso de Robert A. Dahl, ya citado anteriormente y que señala: Para mí, el gobierno democrático es aquel que responde a las preferencias de sus ciudadanos, sin establecer preferencias políticas entre ellos pero . . . no es mi propósito ocuparme de las demás características que se requieren estrictamente para considerar estrictamente democrático un sistema.

Dicha postura es similar a la de Samuel R. Huntington aunque, como ya se mencionó, cada teórico contemporáneo tiene su propia definición de democracia. El caso es que dichas democracias modernas no son más que oligarquías, sustentadas en elementos de participación social, lo que hace que no se descubra su interés esencial de carácter plutocrático.

Así, los politólogos posmodernos señalan también que, por la vía de los partidos políticos, las diferencias y perspectivas acerca de la vida pública de estos países, ya existe la posibilidad de que se produzcan el diálogo y la negociación, esta última, como la manera primordial de hacer llegar una solución y un entendimiento entre gobernantes y gobernados. Particularmente en torno a la negociación, esa que siempre se da bajo la mesa, ya que los democráticos no saben de concertaciones republicanas, son cientos de ejemplos los que se podrían dar, principalmente en el caso mexicano.

Es de esa manera como estos teóricos posmodernos han tratado de hacer entender a la ciudadanía las bondades de la forma de gobierno democrática. Pero dentro de la democracia, por definición, no existe un procedimiento que no sea incruento para resolver las controversias entre las partes. El problema es que, cada vez que sale a flote quiénes son los representantes de la clase en el poder en estas formas de gobierno llamadas "democracias modernas", resulta que éstos son los dueños del dinero.

La mejor forma de lograr que la nombrada democracia moderna fructifique es acercar cada vez más a la representatividad a las corrientes políticas que operan en una sociedad, a fin de que se reduzcan al mínimo las fricciones, con lo cual nuevamente se utiliza la demagogia y, por consecuencia la manipulación, pues esa negociación bajo la mesa es la parte sustancial de ese nuevo juego político en las llamadas democracias modernas.

En este contexto, según ellos, la paz social estará fincada sobre bases más sólidas. Muchos de los conflictos derivan de exclusiones o marginaciones en el orden político, social y económico. Los partidos, por definición, expresan distintas opciones y perspectivas sobre la vida política actual. Según estos autores posmodernos, los ciudadanos deberán estar de acuerdo por lo menos en una cosa: vivir dentro del marco jurídico y los límites fijados por la razón de Estado, en este caso el democrático. Pero el problema se presenta cuando eso no sucede y los partidos no coinciden y, como dicen los sociólogos, las organizaciones políticas son rebasadas por "las masas". Es ahí donde la democracia real, la estudiada y definida por los clásicos, vuelve aparecer.

Pero retornemos al análisis clásico para señalar que, dentro de su funcionamiento, la democracia no es flexible ni adaptable, a causa de ese mismo sentido de inclusión de todos, pero que sí se presta para que las fuerzas activas de los grupos y participantes traten de imponer sus puntos de vista e intereses a todos las demás, sobre todo en la democracia de asamblea representativa.

En esta última existe, por principio, una nula tolerancia, sobre todo en esas circunstancias; en consecuencia, la decisión es producto del acuerdo entre todos, pero manipulada por lo regular los pocos. Un requisito para que la democracia funcione es que las partes acepten dirimir sus controversias por la vía del diálogo; por esta razón, ella no coincidiría totalmente con la voluntad de una de las partes, pues la mayoría se opondrá a las minorías.

Esto ocurre aun en la propia sede en la cual se realiza la democracia moderna, en donde quizás ya no es la asamblea clásica donde el pueblo participa directamente, sino que ahora es el Congreso, en ambas cámaras, al cual llegan las personas elegidas de acuerdo con las postulaciones que se hicieron previamente a través de los partidos políticos por medio de los grupos o clase en el poder.

En cuanto a dicha representatividad, Kelsen recuerda el antecedente, ya en la modernidad, de esos tipos de órganos legislativos. El autor acota que antes de la Revolución Francesa se tenía un vínculo directo con los electores según el rango, de tal suerte que los representantes, como delegados, sólo podían hacer lo que les estaba expresamente ordenado y podían ser removidos de sus cargos según el lazo que establecía el mandato imperativo; éste era un vínculo de obligación que unía a los representantes con quienes los habían elegido.

En cambio, en la Constitución Francesa de 1791 se incluyó la prohibición del mandato imperativo, con base en la idea de que, al tratarse de un órgano de representación nacional, los diputados, como fiduciarios, tenían amplio poder discrecional para hacer lo que juzgaran conveniente para el bien de la colectividad y, una vez designados, no lo eran ya por este o aquel individuo, de este o aquel distrito, sino ahora por toda la nación. Dicha manipulación general e ideológica llevó a la independencia de los diputados frente al cuerpo electoral, situación que constituye un rasgo propio de la llamada "democracia moderna", a la cual, como ya se reiteró, habrán de cambiar el nombre.

Para el caso de la participación social, el caso cubano nos pone el siguiente ejemplo. Existen una serie de organizaciones que abarcan el ámbito laboral, educacional, cultural y político, entre las que se encuentran las Brigadas Técnicas Juveniles. Para el caso de la educación, se encuentran la Organización de Pioneros José Martí, la Federación de Enseñanza Media y la Federación de Estudiantes Universitarios, así como la Unión de Jóvenes Comunistas. Todas ellas trabajan en los colectivos donde se forman los cuadros del partido y, por tanto, del grupo en el poder.

La peculiaridad de la representación política contemporánea en los países que únicamente tiene el velo democrático es que los individuos son representados por los funcionarios públicos designados por sufragio, en su calidad de representados, es decir, como sujetos de derechos políticos, sin importar su oficio o profesión, religión, raza o pertenencia a alguna asociación civil. Esto es así porque, para su representación en las instituciones públicas, una comunidad no puede extraviarse o quedarse en las múltiples actividades particulares que sus miembros realizan cotidianamente, sino que esa colectividad se reconoce en un punto más alto, donde todos puedan encontrarse, precisamente, como individuos gobernados por esa minoría.

En la actualidad, uno de los criterios para calibrar la democracia es la visibilidad del poder. En efecto, la democracia es el gobierno que se presenta ante los ojos de todos. Se ha dicho que la democracia es el gobierno del poder público en público, donde se entiende por poder público lo opuesto a poder privado oligárquico.

Una diferencia fundamental entre la autocracia y la democracia es que tienen concepciones totalmente diferentes del hombre y de la función que, como gobiernos, están llamados a cumplir. Por lo general, las autocracias tienen una idea diferente de lo privado, en tanto que el pensamiento democrático tiene una visión distorsionada.

Ciertamente, vista desde lo alto y de lejos, la reunión del pueblo en la plaza da la idea de una masa, pero desde abajo y de cerca se observa que esa multitud está compuesta por individuos que tratan de ejercer sus derechos políticos singularmente, uno por uno. En consecuencia, así como las otras formas de gobierno, también la democracia está formada por sujetos concretos. Aun reunido el pueblo, no es éste el que toma verdaderamente la decisión, sino los individuos que lo componen. El único caso en el que el pueblo define las cosas es en la aclamación; ése sería un procedimiento democrático.

Sobre la base del planteamiento democrático, se encuentra la idea de que cada hombre tiene una naturaleza común que, en última instancia, hace que no sea ni menos ni más que los otros hombres. Esta matriz igualitaria se reforzó con la idea cristiana de que los hombres son hermanos, hijos de un único Dios. Al secularizarse, esta concepción se incorporó a los grandes principios laicos bajo la forma de la fraternidad.

De ella se alimentaron las doctrinas de los derechos naturales inalienables del individuo. Fue esa nueva imagen positiva la que la "democracia moderna" asumió y que se debió, en buena parte, a la incorporación de estos derechos, configurados filosóficamente en las constituciones, sobre todo en las europeas, a finales del siglo XVIII y principios del XIX.

Una igualdad ahora encarnada en el derecho al voto y a ser votado justificó una vez más la vieja distinción social basada en la diferencia de clases; una vez más se da la similitud en los derechos políticos, pero jamás en lo económico y menos en lo social; ese fue y ha sido el engaño.

Es el poder último que justifica el mandato político; precisamente en eso radica, en delegar éste a los gobernantes, por lo que, en rigor, en la democracia la soberanía residirá en algo amorfo llamado pueblo. Esa soberanía se expresará concretamente en el voto. Los sistemas electorales, en consecuencia, tienen la alta misión de reflejar nítidamente, sin objeciones ni dudas, la decisión expresada en el sufragio. Desde la perspectiva de la teoría política se aprecia con más claridad la manipulación sobre la base de la democracia moderna. Es la voluntad aceptada de los ciudadanos para ser gobernados; eso es lo que cuenta para estos justificadores posmodernos. Hablar de voluntad popular es demasiado ambiguo porque no hay un pueblo diferente de los individuos que lo compongan.

En la historia siempre se ha hablado de pueblo, comenzando por Roma, pasando por las monarquías medievales, hasta llegar a los gobiernos contemporáneos, aunque los derechos políticos fueran gozados tan sólo por una minoría de la comunidad. De pueblo se habla aun cuando los que participan sean una minoría. Se alude a la soberanía popular aunque, con la creación del Estado moderno, existieron obreros, jornaleros y mujeres que carecieron de derechos políticos y civiles por mucho tiempo. En términos políticos, el concepto pueblo hace referencia al concepto democrático, mientras la especificidad del ciudadano es más de carácter republicano.

Fue la misma manipulación ideológica la que pudo hablar propiamente de soberanía popular; de la misma manera que cuando se instituyó el sufragio universal. Con todo, las democracias occidentales han llevado a las mayorías a depositar sus derechos políticos en las personas que los representan y gobiernan ocultando sus intereses personales, de grupo o de clase.

Los demagogos de la democracia moderna utilizan las mismas herramientas, pero más sofisticadas que en la antigüedad. Ahora las manejan como un procedimiento para que los ciudadanos designen a los individuos que deberán tomar, a nombre suyo, las decisiones políticas. Es un modelo que consiste en la competencia por el voto para alcanzar el poder. Es importante destacar que todo esto supone la diversidad de grupos interesados en conquistar el mando, pero que sea la ley la que mande y no la asamblea.

Respecto a la ley, Tomás de Aquino, el que fuera nieto de Federico Barbarroja, definió a la ley como una ordenación de la razón para el bienestar común, promulgada por quien tiene a su cargo el gobierno de la comunidad. Por ello, es demagógico que en la democracia, sea moderna o clásica, todos puedan participar; es la ley la que manda pero, sí la ley la hace el grupo en el poder, entonces, ¿dónde está la libre participación?

Por ello, los grandes vicios actuales y las debilidades de la forma de gobierno democrática se vislumbran como algo lejano a la realidad, ya que los aspectos revisados anteriormente son manejados de manera insensible, pues los defectos de la democracia llaman la atención a aquellos que han vivido en el engaño; todos ellos perciben la realidad al primer golpe de vista, pero no la cuestionan por múltiples razones, explicadas dentro del propio escrito.

Se supone que en estos países de democracia moderna el objetivo del legislador, la más de las veces, es favorecer los intereses de un pequeño número a costa de los más. Sin embargo, hasta el momento se ha descubierto que, en esta forma de gobierno, son pocas las ocasiones que se favorece a las mayorías o a la prosperidad del Estado; más bien, la más de las veces sirven al bienestar de una minoría de la población, pero no de todos.

En definitiva, no se pueden ocultar las instituciones democráticas creadas en este tipo de gobiernos, lo que hace que la tendencia del ser humano sea tomada en cuenta a pesar de los grandes vicios o errores de conceptualización. Respecto a todo esto, Tocqueville indicó que comúnmente, en estos gobiernos los hombres públicos realizan actos malos sin saberlo, o bien, producen el bienestar sin haberlo pensado. Es común que el pueblo, en estas circunstancias, siempre se encuentre ocupado y aunque sea muy celoso de sus derechos y deberes, no pueda impedir que sus representantes se aparten de las líneas generales a favor de ellos mismos.

Es importante comentar cómo, en los gobiernos con estas características, las minorías, a pesar de tener un peso importante, los gobernantes comúnmente tienen intereses contrarios, lo que ocasiona resultados funestos para ambas partes, pero principalmente para esas minorías, en virtud también de que sus intereses tampoco son similares a los de la masa de gobernados. De acuerdo a lo revisado hasta el momento, la única forma de gobierno que favorece igualmente el desarrollo y la prosperidad de todas las clases sociales es, sin duda, la república, pues cuando los ricos gobiernan de manera particular, los pobres se encuentran en peligro, aunque también la monarquía de realeza podría administrar con las mismas características, pero habrá de analizar detenidamente lo ya escrito.

Entonces, ¿cuál es la ventaja de ese gobierno democrático, cuando las mayorías son las beneficiadas a costa de las diferentes minorías?, ¿hasta dónde se puede hablar de prosperidad y beneficios en estos casos, sobre todo cuando esas minorías las más de las veces muestran más capacidad cualitativa?, son tratadas, sin embargo, como parte de las mayorías. Esta situación crea, como ya se dijo, una constante y sistemática tendencia hostil por parte del gobierno y, sobre todo, por parte de esa mayoría; dicha condición es un peligro constante para esa forma de gobierno.

Durante las transiciones políticas hacia la democracia, a lo largo de todo el proceso los dirigentes o líderes utilizan las pasiones irreflexivas de la muchedumbre, como por ejemplo, el amor a la patria, que impulsa a grandes esfuerzos por salvar al Estado; el fantasma de la contrarrevolución y la traición a la patria, todos estos conceptos son eminentemente explotados, sobre todo porque el pueblo se encuentra muy firme en las creencias de todas esas promesas en la que va reinar el resplandor y el bienestar de todos. El problema es que existe una imposibilidad de retroceder porque, la mayoría de las ocasiones, dicha irreflexión se dio en medio de la confusión y la miseria.

Quién no recuerda el caso nicaragüense, en el que la tiranía individual de los Somoza terminó con un levantamiento armado en la década de los 70 y donde el pueblo dirigido por los sandinistas se levantó en armas y llevó a cabo una rebelión nacional al grito o consigna de "patria libre o morir". Una vez que hubo triunfado el movimiento revolucionario, la dirección del nuevo gobierno sandinista estuvo en manos de la Junta de Gobierno de Reconstrucción Nacional, la cual estaba compuesta por cinco integrantes elegidos por el Frente Sandinista de Liberación Nacional, así como un representante empresarial, un escritor y la viuda de Pedro Joaquín Chamorro. Sin embargo, se puso de manifiesto el poder real y quien lo tenía realmente en ese momento era el grupo reducido del FSLN.

El mismo Consejo de Estado estuvo organizado para que la mayoría estuviera representada por el sandinismo. La presión internacional hizo que se llevaran a cabo elecciones, las cuales fueron aplazadas por los mismos sandinistas. Asimismo, los medios masivos de información estuvieron restringidos; todo ello provocó que las minorías empezaran a ser desplazadas, lo que empezó a empeorar las cosas.

El país estuvo en crisis, miles de hogares destruidos pero, sobre todo, la economía y la deuda externa subió a más de mil 600 millones de dólares. La primera acción fue confiscar las propiedades de la familia Somoza, así como el control de los bancos y el comercio exterior, la instauración del gobierno democrático cada vez se radicalizaba más. Todo ello preocupo al imperialismo oligárquico yanqui, pues consideraban que el movimiento se estaba extendiendo a Centroamérica con el apoyo de la URSS y Cuba.

Fue el Presidente Reagan quien inició una contraofensiva apoyando a las minorías para instaurar, según los angloamericanos, una democracia moderna.

La oligarquía angloamericana impuso un embargo comercial sobre ese país, lo que hizo que los sandinístas se debilitaran enormemente, a pesar de haber atendido programas importantes a favor de los pobres. Aun en de la derrota, el FSLN dejó, amén de la destrucción e inflación, la satisfacción de haber terminado con la dinastía somocista, tiranos todos ellos que gobernaron por casi cuarenta años, así como una conciencia de clase importante en la población.

¿Cuáles son entonces las ventajas y desventajas reales de los gobiernos democráticos? Es común en estos movimientos revolucionarios, por hechos analizados, que los líderes ejerzan su influencia de manera insensible, apostando a las mayorías sobre las minorías, tratando de ocultar ese defecto sobre la base de una represión constante. Por ello, las leyes de la democracia tienden, en general, al bienestar de la mayoría, al contrario de lo que sucede en la forma oligarca, donde las leyes están más en razón de los pocos, que son los ricos, aunque en el caso de la aristocracia también son los pocos los privilegiados, pero la diferencia es que éstos saben cómo pueden hacer converger a las demás clases. Éste es un modelo que las oligarquías modernas están llevando a cabo de manera eficiente, pues cada día se dan más gobiernos oligarcas en el mundo.

No ha de ser fácil en la época contemporánea, ni debió serlo en la antigua, convocar al pueblo, ya sea de manera directa o indirecta, para la confección de las leyes. Precisamente es ese origen popular lo que perjudica la posible bondad del modelo legislativo, lo que contribuye a que siempre sean unos cuantos quienes aprovechen la oportunidad de que se beneficie también una minoría. Por ello, las bondades de la democracia son puestas a menudo en duda por las mayorías, e incluso las minorías.

El problema de los grupos, partidos u organizaciones democráticas que manipulan a la población es que menosprecian a la población entera; no consideran que el escepticismo y, otras veces, la tolerancia de parte de las mayorías, no significa indiferencia política. Las transiciones políticas son posibles siempre que la voluntad de las mayorías ejerza sus derechos; por ello, la tiranía será siempre el enemigo a vencer; el problema es ese conformismo humano que, las más de las veces, invade a los pueblos. Sin embargo, es común señalar que, en las formas de gobierno donde se administra contrario a las mayorías, que son los pobres, son éstos, los que nada tienen que perder, los que siempre se rebelan.

La esencia de las formas de gobierno democráticas, por su estructura política, quizás no les dé a los pobres el gobierno más eficiente, pero éste si podría crear lo que el gobierno más hábil sería incapaz de realizar: contar con todo el cuerpo social necesario que no podría alcanzar ninguna otro gobierno: ésa seria una ventaja de este modelo. Es parte del principio político del gobierno democrático, en el cual el imperio de las mayorías lleva a límites que nadie resiste por ser una fuerza natural de las mayorías. Es un hecho que, en algunos países, a través del socialismo científico, llegaron a contemplar propuestas sobre estas prerrogativas, mismas que fracasaron por los intereses de los integrantes de sus buróes políticos.

La justificación teórica respecto al gobierno de las mayorías parte de la idea de que los muchos pueden pensar mejor que uno solo. Nuevamente se trata del modelo de la igualdad aplicada a la inteligencia, análisis ya realizado anteriormente pero que, en definitiva, como ya se señaló anteriormente, afecta a las minorías, que son las que guardan su inconformidad por temor a la coacción, situación que, a la larga, suele ser peligrosa para ese tipo de gobierno.

Son vicios de la democracia que se van dado de acuerdo al poder de las mayorías y que se van imponiendo hasta reventar a las minorías. Es un derecho de número que aumenta o disminuye según los intereses del grupo en el poder. La situación es que los privilegios otorgados a determinada clase, aunque sea la mayoría, finalmente constituyen una condición perversa y, sobre todo, resulta penoso para las demás clases someterse a ella.

La omnipresencia de las mayorías en todos los aspectos políticos, sociales, económicos y culturales que se ejecutan en estos tipos de gobiernos democráticos hacen inestable su legislatura, sobre todo en lo relativo a sus aspectos jurídicos, así como a su administración pública, puesto que se trata solamente de proveer las necesidades de una sola clase social. En ese Estado se obliga a las minorías a que pertenezcan a las mayorías, sin serlo. Se podrá uno formar a la idea de la extrema igualdad de clases, pero muy difícil será comprender que la actividad política la realicen unos cuantos.

En la democracia donde existe la tiranía de las mayorías, se demanda desde una visión ideológica que todos tengan los mismos intereses y piensen de la misma manera; de no ser así, las minorías dejarán de pertenecer al todo. El problema es que, de no hacerlo, morirán, por la simple razón de no pensar y actuar de manera diferente a como lo hace la mayoría, lo cual resulta odioso y envilecedor. Esos son los efectos de la democracia, la cual deja sentir su conducta a la sociedad, dejando una estela con reprobables efectos.

Cuando las revoluciones democráticas triunfan aparecen los muchos; es la opinión pública la que dirige las voluntades, pero las mayorías o las masas se someten, a menudo por debilidad o por ignorancia, o bien, otras veces, por amor a la patria. En esos gobiernos no existe la propiedad ni la vida privada; la tentación es allí más fuerte, ya que ofrece a más gente al mismo tiempo. La mayoría, al tener el poder, posee un imperio tan absoluto e irresistible que las pasiones se desbordan, a tal grado que después, cuando quieren apartarse de ese camino que han trazado, ya no pueden.

Entre la multitud inmensa que se apiña en la democracia, unos cuantos hombres muestran más aptitud que otros y están dispuestos de manera viril a dirigir a la gran masa. Es entonces ahí donde el poder es arrebatado al pueblo; se le escapa de las manos, en virtud de que, o aceptan vivir en la anarquía, la cual es la familiar más cercana de la democracia, o dejan que los demagogos, que son sus líderes, los lleven por donde ellos quieran. También se puede considerar a la anarquía como el estado de naturaleza donde el más débil no tiene ninguna garantía

Son estos líderes revolucionarios, o de los partidos políticos, quienes empiezan a imponer la tiranía de las leyes, a las cuales habrán de someterse todos, cubriendo sus opiniones bajo el velo del poder supremo. Esa idea de defender a la comunidad contra la opresión de las minorías que gobiernan, característica de un régimen oligarca, se debería manejar contrariamente en la democracia, al garantizar a las minorías la defensa contra las injusticias de las mayorías, partiendo de que la justicia es el objetivo de toda forma de gobierno.

Las transiciones políticas se dan ordinariamente por el desgaste o la impotencia de la clase en el poder, o bien por la tiranía. En ambas circunstancias el poder se les escapa de las manos o les es arrebatado. La verdad es que, una vez que la revolución se ha encendido por la vía pacífica o violenta, los gobiernos pierden toda acción ante la sociedad. La mayoría de las veces, las mudanzas tienen su origen en el abuso de la fuerza y el mal empleo de los recursos; eso es lo que los hace perecer. Para el caso de los gobiernos donde se administra para la mayoría, es la omnipotencia de ésta lo que lleva a las minorías a la desesperación, forzándolas a hacer un examen de la realidad despótica que recae en el buró político de ese Estado.

Dichos gobiernos trabajan sobre la base de la centralización gubernamental o política, así como la administrativa, en virtud de que la mayoría es más absoluta cada vez. Esto incrementa las atribuciones del poder central, desde donde esa esfera centralista se vuelve omnipotente y, por tanto, despótica para todos, a pesar de que representa a toda una mayoría nacional. Sería casi imposible, por ardientes que sean sus proyectos o planes, que la gran mayoría de los ciudadanos se sometieran a sus deseos, pues son cientos de escollos ocultos los que retardan o dividen tos buenos deseos del gobierno.

En ese sentido, las formas de gobierno oligarca, son en cierto modo más flexibles por los aspectos descentralizadores de sus esquemas administrativos. En cierta forma, me atrevo a decir que, para hacer descender la atención de los detalles a la población, las probabilidades del gobierno democrático son menores. En este caso, la centralización administrativa se vuelve intolerable, aún más que en una forma de gobierno de monarquía de carácter tirano.

Se podría ir concluyendo con la pregunta ¿Es posible realmente concebir un gobierno fundado sobre la voluntad real de las mayorías? Esto así, especialmente si se parte del principio de igualdad, un elemento fundamental para la democracia. Sería conveniente nuevamente resaltar lo sucedido en los países que pertenecieron a la ex Unión Soviética, en donde se ejerció un imperio directo en todos los asuntos generales, sin que los ciudadanos pudieran participar o tomar parte en alguna esfera para la mejor marcha de esos gobiernos.

Lo que se logró observar y analizar en este tipo de gobiernos democráticos es la prudencia del pueblo que vivió en esos países democráticos, en cuyo caso finalmente se probó la necesidad de llevar a cabo una transición política y donde, a pesar de todos esos esquemas de explotación y de condiciones económicas y sociales de los países oligarcas, prefirieron estas circunstancias a continuar en formas de gobierno democráticas o socialistas.

Así, el órgano supremo de un régimen democrático es la Asamblea. Sin duda, es la magistratura en donde se toman las decisiones más importantes para la mejor relación entre gobernantes y gobernados. Dentro de esta forma de gobierno solamente pueden existir instituciones que se encuentren conformadas en razón de los pobres.

En resumen, esta clase de sofismas en los que se afirma negando y se niega afirmando son muy comunes en las formas desviadas de constitución, donde se administra en ventaja siempre de una clase. Finalmente, se puede decir que el principio político de la democracia, por estar basado en la libertad de hacer lo que plazca, ha sido siempre utilizado para convertir a la democracia en una palabra mágica, sobre todo por aquellos que tienen la necesidad de justificarla ante los demás.

Se puede concluir que, tanto la oligarquía como la democracia, están consideradas por la teoría clásica como las formas de desgobierno. Evidentemente, se podrá decir que una es más que otra, pero bien podemos dejar en claro que ambas son perversas. Pues, ¿hasta dónde se podrá asegurar que la prodigalidad del democrático es menos mala que la avaricia del oligarca? De acuerdo a la teoría clásica, en la forma de gobierno donde predomina la plebe, totalmente desprovista de virtud, es común que se administre para una sola clase, para los iguales, olvidándose de las demás; es, por tanto, la más perversa.

Asimismo, es finalmente importante que el estudiante de ciencias políticas, tenga presente que al combinar principios políticos, en los "gobiernos mixtos", lo que se hace es convocar institucionalmente a una alianza entre una clase o más clases sociales y partes del Estado con la parte o "clase suprema" del mismo. En el caso de las oligarquías democráticas, la alianza se efectúa entre dos clases sociales, la minoría muy rica y las amplias clases medias, asegurándose que el número y la fuerza de la mayoría esté a favor de la constitución.

CONCLUSIONES/COMENTARIOS

El documento que tiene en sus manos como resultado final de dicha indagación, aclara de manera tajante el contraste que existe entre un gobierno de realeza y el de tiranía. Es éste un esquema que una gran mayoría de autores posmodernos toman como una sola forma o principio político, como si toda monarquía, por el hecho de gobernar un solo individuo, deba ser catalogada como gobierno de tiranía, olvidándose así de los padres fundadores de las primeras comunidades, monarcas que guiaron de manera sabia a su pueblo, gobernando y administrando de manera regia siempre en razón de ellos.

Asimismo, se explicó que la tiranía no es exclusiva de una sola persona, pues también ésta se da por el gobierno de los pocos, donde comúnmente un grupo con intereses de carácter oligarca es el que llega a ejercer determinado autoritarismo. Mediante el análisis de hechos históricos se mostró cómo este tipo de principio político ha caído en esquemas autoritarios y fascistas. Lo mismo sucede en el desgobierno de los muchos, de las multitudes pródigas, donde la muchedumbre democrática desconoce a las demás clases sociales y pretende gobernar de manera igualitaria para una sola clase, eliminando a todas las demás. Al respecto, se demostró que ambas formas de desgobierno caen en la tiranía.

En el documento se encuentra plasmado, como un elemento aclaratorio, que existen tres formas de gobierno constitucionales: monarquía de raleza, aristocracia y república, mismas que se oponen a otras tantas de desgobierno. Las primeras están compuestas por hombres magníficos, prudentes y libres que gobiernan de manera soberana. Para el caso de los desgobiernos, de tiranía, oligarquía y democracia, son constituciones que se encuentran cifradas en el poder, por lo que son esquemas anticonstitucionales donde, con frecuencia, los demagogos dominan el escenario político.

De la misma manera, se plasmó de manera reiterativa que el objeto de estudio de la teoría política es la "autoridad", mas no el "poder". Diferentes corrientes de pensamiento utilizan este último concepto como parte y fundamento de la ciencia política, desde Maquiavelo, con su modelo de conquista y conservación de poder, pasando por Weber y Gramsci, con el esquema de la correlación de fuerzas, así como el monopolio de los aparatos de represivos del Estado, respectivamente. El mismo modelo marxista de la lucha de clases entra en ese esquema donde, como dirían los marxólogos, se ve al "Marx político".

Por otra parte, se reiteró dentro del trabajo que no existen dentro del campo de la teoría política más prejuicios compartidos que los generalizados por las formas de gobierno, sobre todo aquellas que se refieren a la oligarquía y a la democracia. Ambas se han manipulado de tal manera que los principios políticos en dichas constituciones parecen dogmas religiosos, indicando que únicamente existen esas dos formas de gobierno contrarias, aunque las dos sean, como ya se advirtió, formas de desgobierno donde la oligarquía es la hegemonía de la clase rica, mientras que en la democracia se muestra el poder de los pobres.

Por ello se buscó aclarar la confusión desde el origen de la oligarquía, pues estos gobiernos de los pocos abandonaron el antiguo camino de la virtud sobre la base de la liberalidad equitativa de carácter aristocrático, al modificarla y dedicarse a la acumulación de riqueza, sustentada en la premisa de la ganancia que, dentro del esquema de la doctrina del liberalismo, es una forma de reproducir sus bienes. Todo lo anterior da a esa clase social la oportunidad de adueñarse del Estado, sobre todo de los asuntos públicos, con la finalidad de hacerlos privados, siempre a favor de sus dinastías.

Asimismo, se abordó de manera sucinta el tema de la "democracia moderna", sobre todo preocupados por la gran inversión política, económica y académica que se ha llevado a cabo para desvirtuar este fenómeno político actual. Resultó interesante también penetrar a la reflexión sobre los vínculos e intereses de determinados grupos, cuya finalidad es manosear, así como tergiversar, el estudio de la teoría clásica que, sea lo que fuere, en la actualidad se entiende por democracia, a través de un equívoco que hubo que aclarar.

Pero la aportación más clara del trabajo consiste, sin duda, en realizar un análisis serio de esa supuesta marea democrática que se inició, según Samuel P. Huntington, a partir de 1974. Según los seguidores del autor, México se encuentra dentro de esta supuesta transición, únicamente que dicha transición es oligarca, más no democrática, como nos quieren hacer creer.

Sin duda, con la justificación del concepto de democracia moderna, podemos señalar que estos autores lo utilizan de manera imprecisa, desarrollando cada uno su concepto de democracia. En tal virtud, ellos consideran que existe ambigüedad al definir las formas de gobierno a través de la autoridad.[54] De la misma manera se puede aclarar que los procedimientos que utilizan estos autores son, más que nada, legitimadores de los nuevos esquemas demagógicos y, por tanto, manipuladores.

Es precisamente en el caso mexicano, por ser el más cercano, donde se pudo acotar con ejemplos que tal proceso de transición no es hacia la democracia, sino a una alternancia para implantar al cien por ciento un gobierno oligarca. La reflexión que solicito a todos aquellos que leyeran detenidamente este documento de análisis que dejen a un lado los posibles prejuicios partidistas, dogmáticos y académicos.

Aquí es necesario aclarar el concepto de *transiciones,* para evitar equívocos, sobre todo porque los autores angloamericanos las definen de acuerdo a la *Encyclopedia of the American Presidency,* argumentando que éstas "deben efectuarse con una mezcla delicada de continuidad y cambio".[55] Al respecto, tal concepción se refiere solamente a los periodos de los relevos presidenciales en EE.UU., donde únicamente se registran modificaciones meramente administrativas o económicas. Incluso existe una Ley de Transición Presidencial, aprobada en 1964 después del asesinato del Presidente Kennedy, concepto que nada tiene que ver con los ciclos políticos o transiciones políticas que fueron analizados en este trabajo.

Hoy día, el tema de la transición política se está convirtiendo en un actor principal de análisis prácticamente en todo el globo terráqueo. Estos son, sin duda, importantes, sobre todo en el análisis de los problemas bélicos, en política económica, los partidos políticos, la globalización y el terrorismo, donde la palabra transición aparece como una categoría más común que lo pensado. Es justo señalar que dichas transiciones se efectúan más en el ámbito doméstico, donde únicamente trascienden en cierta esfera

---

[54] Huntington *(1972)* indica que aparecen serios problemas de antigüedad e imprecisión cuando se define la forma de gobierno democrática en términos de autoridad y propósitos. El grave problema de estos nuevos científicos de la política no saben leer y menos comprender la teoría política clásica (p. 19).

[55] En 1988 se aprobó la ley de Eficiencia de Transiciones Presidenciales. Existe incluso una Oficina de Transición, donde fluye la información respecto las elecciones y nombramientos de los Secretarios de Estado (Levy & Fisher, 2001).

del Estado y no atentan contra la desaparición o transformación de éste. Por el contrario, en el presente trabajo, cuando se uso el término transición, éste fue referido a los cambios fundamentales y diferentes a la forma de gobierno de la cual derivaron.

Laura Lif y Juan Chingo (2000) escribieron lo siguiente:

> Las transiciones a la democracia han sido una política privilegiada del imperialismo norteamericano para evitar la emergencia de la revolución proletaria, lo anterior como una forma de administrar el declive de su hegemonía, luego de la derrota de Vietnam. Esto alcanza a una serie de procesos que desde mediados de la década de los setenta, se han venido desarrollando en la política mundial, incluyendo el reciente triunfo (foxista) de la transición pactada en México, el cual es el último ejemplo.

Samuel P. Huntington (1994) habló sobre la democratización y la ola de transiciones que se llevaron a cabo, según él, desde el 25 de abril de 1974 y hasta 1990 (p. 329). El problema es que, después de un recorrido teórico a través de Schumpeter y Robert Dahl, así como de una serie de reflexiones, S. Huntington define su propio concepto de democracia. Quizás ese sea el dilema que habrá que ir aclarando en próximos trabajos, pues tal pareciera que todos los autores, políticos y académicos se apropian de sus definiciones y conceptos personales de democracia, así como de las otras formas de gobierno, sin respetar su esencia misma.

Lo mismo sucede con los estudios de política comparativa; en la visión de la teoría económica, desarrollada mediante ejercicios de política comparativa, los autores posmodernos siguen esa escuela de pensamiento y escriben acerca de las transiciones registradas en los regímenes presidenciales de Centro y Sudamérica, mismos que nada tienen que ver con este estudio, de las formas de gobierno, sobre la base de la teoría clásica, y de su transiciones.[56]

Una vez aclarado el concepto de transición, es conveniente reiterar que la presente investigación fue compuesta con categorías políticas clásicas, a través de las cuales fue posible demostrar los diferentes ciclos políticos por

---

[56] Elizondo y Maira (2000), ambos coordinan una serie de estudios, con la visión angloamericana, donde se tergiversan las formas de gobierno sobre todo la democrática, así como las transiciones.

los que atravesaron algunos Estados premodernos y posmodernos. Todo ello podrá ayudar a determinar las diferentes causas, tanto de su elevación como de su derrumbe pero, sobre todo, brinda herramientas de análisis para futuras investigaciones sobre las formas de gobierno.

El ejemplo reciente ocurrido en México, con el arribo del Presidente Vicente Fox, se prestó fundamentalmente para analizar y demostrar lo que es un mero cambio administrativo, frente a uno de carácter político. En lo que sí debemos estar de acuerdo es en que toda modificación en lo político, es decir, de orden estructural, significa una corrupción o decadencia de esa forma de gobierno.

Para el caso mexicano, la transición política de carácter pasivo se inició desde 1946, con el gobierno de Miguel Alemán Valdés, etapa que es conocida como el modelo alemanista. Fue en esa época cuando se empezaron a dar realmente las mutaciones del Proyecto Nacional, plasmado en la Carta General de 1917, dejando atrás los momentos históricos en los que se llevó a cabo la cohesión del modelo político del país. Se puede decir que durante ese sexenio se empezó a prostituir, no solamente la Constitución de papel, sino la dimensión nacionalista, cultural y económica pero, sobre todo, la política. Se abandonó el campo mexicano por un esquema industrializador que ha llevado al país a una dependencia peligrosa.

Patricio Marcos (1968), en su "Prólogo sobre México", señala: "los resultados ominosos de cuatro decenios del modelo alemanista, han ejercido una orientación de espíritu oligárquico desde el poder político nacional, pervirtiendo la esencia democrática de la constitución" (p. 18). De cualquier forma, el descalabro al Proyecto Nacional de la posrevolución de 1913 sin duda ha sido un elemento determinante que actualmente agudiza los problemas del país.

Las modificaciones al Estado mexicano, que empiezan a generar reacciones e irritación, han contado con la anuencia de la clase rica, al margen del influjo real de las clases antagónicas y de sus intereses perversos, pero reales, representados en los partidos políticos, sobre todo dentro del PRI, el PAN y el PRD, los cuales siguen jugando un papel importante en estos momentos históricos, al aceptar el lacerante modelo de liberalismo mexicano, un proyecto alterno iniciado, como ya se señaló, desde el alemanismo, sin importar que éste sea contrario a la esencia de nuestra Carta Magna, la cual no contempla la propiedad privada de la tierra, elemento sin el cual la doctrina liberal no está completa.

Respecto a la precisión en cuanto al momento en que se inició la transformación en nuestro país, Sergio Aguayo Quezada (2003), en su artículo "Transición Atrancada", señaló que: "El parteaguas de la transición se dio a partir del Movimiento de los Médicos que inició en noviembre de 1964 y terminó un año después". Según él, fue una de las transiciones más lentas de la historia de la humanidad del último medio siglo. Desafortunadamente, no aclara más sobre el tipo de transición esperada, pues el análisis es más sobre las elecciones, partidos y sobre el Ejecutivo Federal, lo cual suena más a una reforma de Estado que a una transición política.

Luis Aguilar (2003) también comentó: "sobre la transición que se da en México en los años ochenta y noventa, el cual dejó de ser relevante después de pasar del autoritarismo a la democracia, la que fue acaso útil para la primera etapa transicionista, aquella que hizo posible elecciones confiables y la alternancia."

De la misma manera, Carlos Elizondo y Luis Maira (2000), llegan a coincidir en su visión sobre el análisis de la transición mexicana mediante la utilización de las mismas categorías funcionalistas. Los ejemplos arriba indicados nos dan la pauta para señalar las enormes confusiones que se crean por la falta de claridad sobre las formas de gobierno, así como sus transiciones.

A pesar de la heterogeneidad de opiniones al respecto, la mayor parte de las interpretaciones en torno al problema que se presenta en México coincide en señalar lo sucesos como factor decisivo desde una visión más de tipo economicista que del ámbito político. Sin embargo, para entender el origen de los mismos, se hace necesario realizar un recuento histórico de lo ocurrido en el plano político.

Abordemos ahora el símil del gobierno de monarquía en México, así como la transición que se viene gestando, donde son los sectores reaccionarios los que se están frotando las manos para transitar de un régimen presidencial a uno parlamentario, lo que llevaría al país de manera definitiva a una forma de gobierno oligarca, como ocurre en otros países, como Inglaterra. El problema es la deformación tan avanzada que tiene el régimen presidencial mexicano, consistente en introducir instituciones y acciones parlamentarias copiando el modelo inglés, lo que resulta improcedente, en virtud de la estructura de poder específico existente.

La expresión foxista, pronunciada al inicio de su administración, de que yo propongo y el Congreso dispone demostró dos cosas: que no sabía en donde se encontraba parado o, en definitiva, su intención inicial y proyecto de nación es la instauración de un régimen parlamentario oligarca, aunque ya los presidentes tecnócratas del pasado, desde Luis Echeverría y, sobre todo Miguel de la Madrid, le dieron un peso decisivo a la figura del gabinete, misma que tiene un sustento parlamentario.

Por lo anterior es que me atrevo a señalar que la transición política de carácter pacífico, y por tanto oligarca, que se viene dando en México, empezó con el proyecto alemanista y aún continua, pero no es de carácter democrático, como tratan de justificarlo algunos, que confunden el todo con las partes. Este aspecto debe ser analizado con gran detenimiento.

Hay que recordar que, durante ese proceso posrevolucionario, los presidentes mexicanos contaban con grandes facultades constitucionales e incluso en la jerga jurídica se llegó a señalar que algunas eran de carácter metaconstitucional, como fue, en su momento, la facultad de preparar, elegir y nombrar al "príncipe" sucesor presidencial, legitimando su decisión por medio del partido político PRI, del cual precisamente el presidente de la República Mexicana en turno era el máximo dirigente. Este esquema se reproducía en los otros dos niveles de gobierno, un esquema porfirista, pues él imponía por esa misma vía a gobernadores, presidentes municipales, diputados, senadores y secretarios de despacho.

Lo que pasó en México es una situación que hace cada día más complejo realizar el análisis del proceso de cambio pues, aún en esta fecha, es impredecible contar con escenarios más claros para lograr determinar hacia dónde transitará México. Dudo mucho que en este momento, después del gran desgaste del órgano Soberano del Estado mexicano, alguien pueda indicar el rumbo que podría llevar este país para forjarse como una nación con un proyecto definido.

Pero también soy escéptico al pensar que alguien pueda tener la certeza acerca de dónde o en qué proceso se encuentra el Estado mexicano. ¿Acaso se estará dirigiendo inevitablemente a la conformación de un gobierno de esencia oligárquica? habrá que esperar para determinar quién será el responsable final de hacer desaparecer la actual Carta Magna, cuyos valores políticos aún son incalculables, sobre todo en los artículos 27 y 123, ambos de esencia democrática, pues representan los intereses de la clase obrera y campesina, incluyendo el tipo de propiedad de la tierra, la cual es, hasta el momento, una propiedad pública administrada por el Estado mexicano.

Todos estos elementos constitucionales son contrarios a la forma de gobierno oligárquica; por tanto, es difícil aceptar que en México se vive un proceso democrático. Platón consideraba la justicia como una propiedad de todo el Estado, basada en la relación existente entre las clases; quizá sea precisamente ése el modelo que empezamos a perder desde finales de la década de los cuarenta.

Sobre la base de las premisas arriba mencionadas, ¿cuáles, entonces, podrían ser los escenarios para la transición política en nuestro país? Desafortunadamente, en torno a tal pregunta numerosos pseudointelectuales dieron por adelantado y con campanas al vuelo celebraron el triunfo foxista, tergiversando los términos, al señalar que la transición era de carácter democrático, a pesar de que el partido político triunfador es un representante de la oligarquía mexicana, y no de ahora, sino desde hace mucho tiempo atrás. La pregunta obligada es ¿cómo se precipitará la supuesta transformación que señalan algunos?, ¿se podría descartar el cambio violento? La respuesta no es una cuestión agradable, ni para los académicos ni para las clases rica y media.

Sin embargo, puedo asegurar que existen actores en México que sí pueden apostar por la violencia, sobre todo en circunstancias en que no se puedan ofrecer garantías de estabilidad política, económica y social. Solamente es cuestión de analizar las constantes manifestaciones de inconformidad pero, sobre todo, la manera cada vez más rabiosa de hacerlo, por parte de las agrupaciones políticas, campesinas, obreras, urbanas e incluso las llamadas organizaciones no gubernamentales.

Es ahí donde empiezan los retos y riesgos de la transición política, sin olvidar la posible desmembración de la Federación mexicana, debida a la constante desubicación actual de los gobernadores de los Estados de la República Mexicana, sobre todo de los priístas, cuyos intereses obedecen a su crianza como parte de una clase gobernante importante. Todo ello hace más difícil vislumbrar el escenario correcto. Sin embargo, por ahora, evitemos especulaciones generales y, sobretodo, abstractas, para evitar caer en el análisis tedioso acerca de la ley de la decadencia social.

El México de hoy es un ejemplo real de una posible transición oligarca, arriba señalada, desde la corrupción priísta iniciada por Miguel Alemán Valdés, hasta el gobierno del presidente Vicente Fox, incluyendo a los funcionarios y militantes de los partidos políticos del PRI y el PAN. En el primero, aparecen personajes como Hank González y Raúl Salinas, algunos representantes máximos de ese priísmo corrupto. Asimismo, los casos del actual Senador Diego Fernández de Cevallos, abogado que utiliza su fuero legislativo para litigar y representar, no solamente sus intereses privados, sino a los grupos de esencia oligarca. El jurista resulta un icono de la nueva ola de políticos triunfadores en los negocios, así como también de las conexiones de la vida pública con la privada.

Jaime Avilés, periodista e investigador del diario *La Jornada*, descubrió a Guido Belsasso, titular del Consejo Nacional contra las Adicciones

(CONADIC), quien, utilizando su alto cargo en el Gobierno Federal del Presidente Fox, se dedicaba al tráfico de influencias y, utilizando el portal www.ipglaw.com, ofrecía de todo, desde Normas Oficiales Mexicanas (NOM), programas de exportación (SECOFI) y permisos de salud (SSA), hasta programas de apoyo promocional de Bancomext. El periodista Joaquín López Dóriga, en el Noticiero de Televisa, destacó el trabajo de Avilés, advirtiendo que en Belsasso quedó evidenciado el primer caso de tráfico de influencias en el llamado gobierno del cambio.

Pero dichos esquemas no son de ninguna manera de la época moderna, pues desde los años 540 a. de C., el sabio Estagirita, Aristóteles, relató cómo, a causa de la acumulación de la riqueza material por medio de la usura y la codicia, los hombres alteraron un gobierno constitucional para instaurar un poder político oligárquico. Fue la corrupción del honor aristocrático en favor del lucro vergonzoso, pues precisamente es a través de éste como se consiguen las ventajas injustas ante las demás clases sociales.

Son periodos en los cuales la historia nos muestra los procesos que corrompieron la autoridad monárquica y aristocrática; fueron las familias adineradas quienes llegaron a transformar esos gobiernos a través del poder despótico de los nuevos ricos. Recorriendo la historia, no existe periodo o lugar donde haya existido un gobierno cuya clase rica no hubiera gobernado. Con lo anterior, podemos sostener que la lucha de clases no inició en la era moderna o industrial, sino mucho antes.

No sé hasta dónde se pueda continuar sin contradecir al gran estagirita que, en su momento, señaló: en política ya no hay nada. que decir, pues todo está dicho ya. Viniendo de este gran personaje de la teoría política, tal razonamiento quizá revista una gran verdad. Dichos análisis políticos se pueden comparar actualmente con las grandes obras de teatro cuyos temas fueron agotados, también en su momento, por los autores clásicos, que abordaron todos los temas del buen teatro. Toca ahora a los escritores contemporáneos únicamente adecuar esas temáticas a la realidad del momento.

Por ello considero que la posible aportación de este trabajo fue revisar y, sobre todo, retomar las opiniones, así como las herramientas, de la Teoría Política clásica para, una vez abordados los temas de las formas de gobierno, poner en su justa dimensión los elementos cuantitativos y cualitativos de los que están conformados, con la finalidad de aclarar una serie de malentendidos que se tienen al respecto, para así poder adecuarlos a la nueva realidad.

Finalmente, se logró el objetivo general del trabajo de tesis al estudiar las formas de *gobierno* a través de la teoría clásica. Para ello se utilizaron los principios cuantitativos y cualitativos, así como herramientas que nos ayudaron a determinar su esencia. Asimismo, se persiguió aclarar el significado de las transiciones políticas, también conocidas por lo clásicos como ciclos políticos, poniendo ejemplos históricos, tanto de los de carácter pacífico como los violentos, dilucidando al mismo tiempo las adecuaciones que realizaron las clases sociales triunfantes en la constitución de cada Estado.

Urge revisar los estudios del Instituto de Transición a la Democracia, cuyos analistas señalan lo siguiente: "Lo electoral es mucho más que lo electoral". Se busca, sin duda, la destrucción total del modelo político mexicano para instaurar un gobierno oligárquico en el cual únicamente falta desaparecer los últimos vestigios constitucionales de 1917, como son los artículos 27 y 123, después de doscientas y tantas reformas a nuestra Carta Magna.

Vicente Fox, Presidente de México, como único responsable de la Administración Pública Federal, después de su Segundo Informe recompuso su mal llamado gabinete, pues esta figura jurídica administrativa se da solamente en los regímenes parlamentarios. En dicho reacomodo, el Presidente de la República, ni en la forma ni el fondo respetó en esos cambios e incluso se atropello la dignidad de quienes fueron removidos y se enteraron de su remoción por las noticias de la radio. Eso es grave por ser representante de la institución que aún es el órgano soberano del Estado mexicano.

Con olvido notorio de sus promesas de renovación, el presidente Vicente Fox, incurrió en los mismos vicios que criticaba acerbamente a los priístas e hizo designaciones que sólo se explican a la luz de las más burdas prácticas del partidismo o el compadrazgo. Con estos cambios y los demás que hizo, el presidente Vicente Fox está reproduciendo el modelo priísta pues, con tal acción, aparte de darle un tinte partidista a su administración, se acentúa su tendencia marcadamente oligarca, la que se habrá de seguir analizado detenidamente.

Finalmente, es conveniente destacar la observación que se dio dentro del trabajo de investigación sobre esos teóricos que continúan hablando, escribiendo y defendiendo la democratización del Estado mexicano. En esencia, éste es transformado y conducido a la oligarquización. Así, a pesar del repudio del que pudiera ser objeto este trabajo, es evidente que solamente con las herramientas de la teoría política se puede arribar a una realidad particular y social.

En efecto, existe una necesidad imperante de respetar las instituciones mexicanas pero, sobre todo, el factor humano que vive en el país. Las transiciones políticas conllevan graves riesgos de repetirse nuevamente como ya sucedió en el siglo XIX. Cuidemos y no destruyamos nuestras instituciones.

GLOSARIO DE CIENCIA POLÍTICA

Definiciones sintetizadas, tomadas en su mayoría de las siguientes obras: *Diccionario de Política*, *de* Norberto Bobbio y Nicola Matteucci (1985); *Diccionario Crítico Etimológico Castellano* e *Hispánico*, *de* J. Coraminas y A. Pascual, así como el resto de los autores consultados, sobre todo los clásicos.

Absolutismo. Una forma específica de organización basada en el poder tiránico.

Abstencionismo. Denota la no participación en el acto de votar.

Aculturización. Indica los cambios que se producen en una comunidad cuando entra en contado con otra que es portadora de una diferente cultura.

Alineación. Categoría marxista utilizada en el análisis de los modos de producción, para denotar la deshumanización del trabajo.

Anarquía. Tiene su origen en el griego, que significa, sin gobierno.

Antisemitismo. Hostilidad contra los hebreos, han sido las persecuciones y odios de diversa índole en la historia de ese pueblo.

Apartheid. Lengua africana. Significa separación. Designa a la política oficial del gobierno sudafricano respecto a las relaciones entre los distintos pueblos en el interior de la Unión Africana.

Asamblea Constituyente. Designa al órgano colegial que se encuentra investido para la elaboración de la Carta Magna de un país.

Autogestión. Actividades administrativas, sociales, productivas que se desarrollan mediante la cooperación organizada de varias personas.

Autoridad. Es el objeto de estudio de la Teoría Política, por ser el fenómeno que distingue al ser humano, para llevar la relación entre el que manda y obedece.

Autoritarismo. El poder político en un solo hombre o en un solo órgano, restándole valor a la sociedad representada en instituciones representativas.

Bicameral. Regímenes parlamentarios constituidos por dos asambleas o cámaras.

Bolchevique. Derivado de la palabra rusa que sirvió para identificarlo como participante del 11 Congreso del Partido Obrero Social demócrata de Rusia (POSDR) dirigido por Lenin.

Bonapartismo. El fenómeno de la personalización del *poder* del líder carismático o natural, que concentra la legitimidad del Estado.

Burguesía. Categoría marxista que significa la clase que detenta los medios de producción, encerrando el poder político y económico de ese estado.

Carismático. Líder, según Max Weber, con capacidad de poseer el poder para aplicarlo de manera particular.

Comunismo. Significa la organización ideal de la sociedad basada en la propiedad común de los bienes.

Consenso. Denota la existencia de un común acuerdo entre los integrantes de una unidad social, donde se logran ciertos objetivos del grupo.

Cooptación. Integración por la cual los prospectos integrantes son elegidos por miembros ya en funciones.

Déspota. (Del griego) Dueño, señor absoluto.

Doctrinario. Se refiere a quien se maneja de manera rígida a los principios de su propia doctrina y lo hace de manera imitativa de una doctrina política sin llegar a tomar en cuenta una situación concreta.

Élite. Cuando en una sociedad la minoría detenta el poder en sus diversas formas, frente a una mayoría que carece de él.

Empírico. El que se guía por experiencia.

Estado de sitio. Cuando se restringen las libertades por parte del poder público. Régimen jurídico excepcional.

Estabilidad política. Es la previsible capacidad del modelo político de durar en el tiempo.

Estado moderno. Concepto que sirve para indicar y describir el nuevo orden político, económico, jurídico y social del esquema liberal iniciado en Holanda e Inglaterra a fines del siglo XIX.

Estalinismo. Históricamente, es el periodo en que el poder comunista en la Unión Soviética se consolida bajo la guía del PC, en cuyo vértice estaba Jósif Stalin (la tiranía del proletariado).

Falangismo. Doctrina en que se inspiró la falange española, movimiento político fundado en 1933.

Fanatismo. Se entiende una obediencia ciega a una idea, servida con celo obstinado, hasta ejercer la violencia para obligar a otros a seguirla y castigar al que no esté dispuesto a abrazarla.

Fascismo. Es un modelo político que trata de llevar a cabo un encuadramiento unitario de una sociedad en crisis, promoviendo la movilización de masas por medio de la identificación ideológica del nacionalismo.

Gobierno. El conjunto de personas que ejercen el poder político, que determinan la orientación política del Estado y, por tanto, del pueblo.

Golpe de estado. Es un acto llevado a cabo por parte de órganos del mismo estado. La modalidad más común es el militar.

Grupos de presión. Es la actividad del conjunto de individuos que, unidos por motivaciones comunes, tratan de influir, a través del uso o la amenaza, en las decisiones del poder político.

Hegemonía. Es una forma de poder de hecho que, dentro del marco del influjo o dominio, ocupa una posición intermedia, que oscila unas veces hacia un polo y otras veces hacia otro.

Ideología (marxista). Son las ideas y las teorías que son socialmente determinadas por las relaciones de dominación entre las clases y que justifican tales relaciones dotándolas de una falsa conciencia.

Imperialismo. La expansión violenta por parte de los estados en el ámbito territorial de su influjo o de su poder directo. Son los fenómenos de explotación económica de un estado por parte de uno más poderoso.

Industrialización. Es sinónimo de modernización y desarrollo económico. Es un proceso de una sociedad primaria o tribal a una sociedad con actividades terciarias.

Legitimidad. Atributo del Estado que consiste en la existencia de una parte relevante de la población de un grado de consenso tal que asegure obediencia sin recurrir a la fuerza.

Leninismo. Es la interpretación teórico-práctica del marxismo, desde el punto de vista revolucionario, elaborada por Lenin en un país atrasado, como era Rusia.

Maquiavelismo. Expresión que indica una manera de actuar en la política de manera poco escrupulosa que implica, más que la fuerza, el engaño o el fraude.

Marxismo. Es el conjunto de ideas y conceptos pertenecientes a la tesis del concepto del mundo de Carlos Marx y F. Engels.

Militarismo. Constituye un vasto conjunto de costumbres, intereses, acciones y pensamientos asociados, con la utilización de las armas y con la guerra y a veces trasciende esa esfera militar.

Modernización. Es el conjunto de cambios en la esfera política, económica y social que han caracterizado los últimos dos siglos.

Nacionalismo. Se entiende la fórmula política o la doctrina que propone el desarrollo autodeterminado de una colectividad definida según características externas y precisas y homogéneas, depositaría de valores.

Oligarquía. Gobierno de los pocos o gobierno de los ricos, también conocido como plutocracia.

Participación política. Designa a una serie de actividades: el acto de la votación, la militancia en un partido político, la participación en manifestaciones, la discusión política, el apoyo a determinado candidato la presión política sobre un dirigente o autoridad, entre otras,

Paternalismo. Indica una política social tendiente al bienestar de los ciudadanos y del pueblo que excluye la directa participación de los mismos.

Peronismo. (Justicialismo) Movimiento político creado por Juan D. Perón cuando fue presidente de Argentina 1946-1955. Un movimiento que trataba de representar los intereses nacionales.

Poder. Es la capacidad de producir efectos, determinar conductas de otros.

Polis. Se entiende como una ciudad autónoma y soberana, un cuadro institucional con magistratura(s) y un consejo de ciudadanos (politai)

Politiká. (Aristóteles) Debe ser considerada como el primer tratado sobre el primer principio de autoridad, la naturaleza, las funciones, las divisiones del Estado y las varias formas de gobierno.

Populismo. Son aquellas formulas políticas por las cuales el pueblo, considerado como conjunto social homogéneo y como depositario exclusivo de valores positivos, específicos y permanentes, es fuente principal de inspiración y objeto constante de referencia.

Praxis, en la tesis sobre *Feurbach*. Representa el momento central de filosofías como el marxismo y el pragmatismo, representa la unificación de la modificación de las interpretaciones del mundo. La identidad de lo verdadera y de lo verificado.

Profesionalismo político. Es el proceso de profesionalización política. Sin embargo, esta definición confunde el político de profesión, en sus aplicaciones e incluso en el lenguaje cotidiano, con el de clase política.

Pueblo. El concepto está muy relacionado al estado romano, desde su misma definición de *respublica romanorum*. Se encuentra dentro del significante *Senalus Populusque Romanus*.

Racismo. Es la doctrina que ve en las diferencias raciales la causa fundamental del devenir histórico. Dentro de una jerarquía de valor, se afirma que la superior debe gobernar el mundo y mantener a la raza inferior subordinada.

Razón de estado. Consiste en la tesis según la cual el estado, cualquiera sea su forma, tiene una tendencia orgánica a buscar el continuo incremento y la consolidación de su propia potencia, en detrimento de cualquier otra finalidad, utilizando incluso las medidas más despiadadas, hasta alcanzar la finalidad de la clase en el poder.

Referéndum. Puede ser considerada como una votación popular que se diferencia del plebiscito por una mayor regularidad y, por tanto, por ser objeto comúnmente de disciplina constitucional.

Régimen político. Se entiende como el conjunto de las instituciones que regulan la lucha por el poder y el ejercicio del poder y de los valores que animan la vida de tales instituciones. Las instituciones constituyen la estructura organizativa del poder político.

Revolución. Es la acción, acompañada del uso de la violencia, derribar la autoridad política existente y de sustituirla realizando una transición política a través de las armas.

Sistema político. En el análisis sistémico de la vida política se hace referencia a una noción y a un procedimiento de observación caracterizados por requisitos metodológicos específicos y por precisos ámbitos de uso.

Timocracia. Forma de gobierno que so basa en el honor, que corresponde a la aristocracia.

Tolerancia. El principio de tolerancia se anticipa al principio de libertad política. Algunas veces se transfiere en la política económica, principalmente en la teoría de *laissez faire*.

Totalitarismo. Señala un punto de vista valorativo en el estado fascista. Es un partido que gobierna totalitariamente en una nación.

Utopía. Una representación ideal de un orden social distinto del existente, pero de imposible realización.

BIBLIOGRAFÍA

Aguayo Quezada, S. (2003, julio, 9). Transición atrancada: en el laberinto. *Reforma*.

Aguilar, L. (2003, julio, 9). Transición atrancada: en el laberinto. *Reforma*.

Aristóteles. (1982). *Política*. Madrid: Ed. Aguilar.

De la Boétie, E. (2001). *El discurso de la servidumbre voluntaria*. España: Ed. Aldus.

Barón, S. H. (1976). *Pleujánove el padre del marxismo ruso*. México: Ed. Siglo XXI.

Berger, M. L. & Huntington, S. R. (2002). *Globalización múltiple, la diversidad cultural en el mundo contemporáneo*. Barcelona: Ed. Paidos, Estado y Sociedad 104.

Bernstein, C. & Politi, M. (1996). *Su Santidad (Juan Pablo II y la historia oculta de nuestro tiempo)*. Colombia: Ed. Norma.

Bobbio, N. (1976). *La teoría de las formas de gobierno, en la historia del pensamiento político*.

Bobbio, N. (1992). *El futuro de la democracia*. México: FCE.

Bobbio, N. & Matteucci, N. (1985). *Diccionario de política* [Dos Tomos]. México: Ed. Siglo XXI.

Dahl, R. A. (1993). *La poliarquía, participación y oposición*. México: Rei.

De Montaigne, M. (1985). *Ensayos Escogidos*. México: UNAM.

De Tocqueville, A. (2001). *La democracia en América*. México: FCE.

De Torquemada, J. (1975). *Monarquía indiana*, México: UNAM/Instituto de Investigaciones Históricas.

Duverger, M. (2001). *Instituciones políticas y derecho constitucional*. Barcelona: Ed. Ariel.

Elizondo, C. & Maira, L. (2000). *Chile-México, dos transiciones frente a frente*. México: CIDE-Grijalbo.

Etcoff, N. (2002). *La supervivencia de los más guapos*. Madrid: Ed. Debate.

Ferrero, G. (1943). *El Poder, los genios invisibles de la ciudad,* Buenos Aires: Editorial Inter-Américana.

Gramsci, A. (1975). *El materialismo histórico y la filosofía de B. Croce.* México: Ed. Juan Pablos.

Harrington, J. (1987). *La república de Océana.* México: FCE.

Hobbes, T. (2001). *Leviatán.* México: FCE.

Huntington, S. P. (1972). Pretorianismo y decadencia política. *Orden político y decadencia política.* Barcelona: Ed. Paidós, Estado y Sociedad.

Huntington, S. P. (1994). *La tercera ola: la democratización a finales del siglo XX.* México: Ed. Paidós.

Jaeger, W. (1994). *Demóstenes.* México: FCE.

Jennings, G. (1991). *Azteca.* México: Ed. Planeta.

Lacan, J. (1979). *Escritos 2* [5a. ed.]. México: Ed. Siglo XXI.

Levy, L. & Fisher, L. (2001) *Encyclopedia of American Presidency.* Documento de la Embajada de los Estados Unidos de América. Bogotá, Colombia. Recuperado el 10 de enero de http://usembassy.state.gov/

Lif, L. & Chingo, J. (2000). Transición a la Democracia. *Estrategia Internacional* No 16, Invierno Austral.

Marcos, P. (1968). *Fantasma del liberalismo.* México: UNAM.

Marcos, P. (1991). *Los nombres del Imperio.* México: Ed. Nueva Imagen.

Marcos, P. (1993). *Psicoanálisis antiguo y moderno.* México: Ed. Siglo XXI.

Marcos, P. (1997). *¿Qué es Democracia?* México: Ed. Publicaciones Cruz.

Marcos, P. (2010). *Diccionario sobre la democracia* México: Ed. Miguel Ángel Porrua Editores.

Marx, K. (1977). *El Capital* [Obras Escogidas. Tomo I]. México: Editorial Progreso.

Marx, K. (1985). *Crítica de la filosofía del derecho de Hegel* [Breviarios]. México: FCE.

Montesquieu. (1977). *El espíritu de las leyes.* México: Porrúa.

Montesquieu. (2000). *Cartas persas.* España: Alianza Editorial.

Pinto, L. (2002). *Pierre Burdieu y la teoría del mundo social.* México: Ed. Siglo XXI.

Platón. (1971). *La República. México: UNAM.*

Platón. (1998). *Diálogos [Sepan Cuantos, 13]. México:* Porrúa.

Plutarco. (1993). *Vidas paralelas. México:* Porrúa.

Popper, K. (1996). *En busca de un mundo mejor. Barcelona:* Ed. Paidós, Estado y Sociedad.

Popper, K. (1992). *La sociedad abierta y sus enemigos. España:* Ed. Planeta, Obras Maestras del Pensamiento Contemporáneo.

Rabasa, E. (1920). *La evolución histórica de México.* España Ed. Vda. Ch. Bouret.

Real Academia Española. (1993). *Diccionario de la Real Academia Española.* Madrid: Ed. UNIGRAF.

Rodríguez, M. (1984). *El experimento de Cádiz en Centroamérica 1808-1826.* México: FCE.

Rousseau, J. J. (1989). *El contrato social.* México: Porrúa.

Russell, B. (1985). *Escritos básicos.* México: Ed. Planeta.

Tarm, W. & Griffith, T. (1969). *La civilización helenística.* México: FCE.

Settala, L. (1988). *La Razón de Estado.* México: FCE.

Shell, M. (1981). *La economía de la literatura* [Breviarios 13]. México: FCE.

Valdés, L. (1995). *Conocimiento es futuro. Hacia la sexta generación de los procesos de calidad. México: Ed. Derechos Reservados.*

Woldenberg, J. (2002). Consolidación demócrata y cultura política. Ponencia presentada el14 de agosto de 2002, en el *Coloquio para el Análisis de Encuestas Nacionales Cultura Política y Practicas Ciudadanas,* convocada por el CIDE e ITAM.

Zweig, S. (2010). *Fouché (el genio tenebroso).* México: Ed. Época.

Mario R. Mijares académico y autor de libros con contenidos que hurgan sobre los temas que revelan el conocimiento de su carrera, en donde cubrió los estudios de licenciatura así como los del Programa de Posgrado de la Facultad de Ciencia Política y Sociales de la Universidad Nacional Autónoma de México UNAM, los temas de algunos de sus textos: Desregulación económica y administrativa en México(1999); Gestión pública, última llamada para México (2002); Gerencia pública en el sector público (2007); Novela Mezclilla (2010); Formas de gobierno, lecciones de teoría política (2006).